I0567349

BESTACTIVITYBOOKS.COM

PREMIERE ÉDITION

Dépôt légal, 2022

Illustration Graphique Extra: www.freepik.com
Merci à Alekksall, Starline, Pch.vector, Rawpixel.com, Vectorpocket, Dgim-studio, Upklyak, Macrovector, Stockgiu, Pikisuperstar & Freepik.com Designers

5 ASTUCES POUR DÉMARRER !

1) COMMENT RÉSOUDRE LES MOTS MÊLÉS

Les puzzles sont dans un format classique :

- Les mots sont cachés sans espaces, tirets, ...
- Orientation : Les mots peuvent être écrits en avant, en arrière, vers le haut, vers le bas ou en diagonale (ils peuvent être inversés).
- Les mots peuvent se chevaucher ou se croiser.

2) UN APPRENTISSAGE ACTIF

Un espace est prévu à côté de chaque mots pour noter la traduction. Pour favoriser un apprentissage actif un **DICTIONNAIRE** à la fin de cette édition vous permettra de vérifier et étendre vos connaissances. Cherchez et notez les traductions, trouvez-les dans le Puzzle et ajoutez-les à votre vocabulaire !

3) MARQUEZ LES MOTS

Vous pouvez inventer votre propre système de marquage. Peut-être en utilisez-vous déjà un ? Sinon, vous pourriez, par exemple, marquer les mots qui ont été difficiles à trouver d'une croix, ceux que vous avez aimés d'une étoile, les mots nouveaux d'un triangle, les mots rares d'un diamant, etc...

4) STRUCTUREZ VOTRE APPRENTISSAGE

Cette édition vous offre un **CARNET DE NOTES** très pratique à la fin du livre. En vacances ou en voyage ou à la maison, vous pouvez facilement organiser vos nouvelles connaissances sans avoir besoin d'un second bloc-notes !

5) VOUS AVEZ FINI TOUTES LES GRILLES ?

Allez à la section bonus **CHALLENGE FINAL** pour trouver un jeu gratuit à la fin de cette édition !

Simple et Rapide ! Découvrez notre collection de livres d'activités pour votre prochain moment de détente et **d'apprentissage**, à juste un clic de distance !

Trouvez votre prochain défi sur :

BestActivityBooks.com/MonProchainLivre

À vos marques, prêts... Partez !

Saviez-vous qu'il existe environ 7 000 langues différentes dans le monde ? Les mots sont précieux.

Nous aimons les langues et avons travaillé dur pour créer les livres de la plus haute qualité pour vous. Nos ingrédients ?

Une sélection des thématiques d'apprentissage adaptée, trois belles parts de divertissement, puis nous ajoutons une cuillère de mots difficiles et une pincée de mots rares. Nous les servons avec soin et un maximum de plaisir pour vous permettre de résoudre les meilleurs jeux de mots mêlés qui soient et d'apprendre en vous amusant !

Votre avis est essentiel. Vous pouvez participer activement au succès de ce livre en nous laissant un commentaire. Nous aimerions vraiment savoir ce que vous avez préféré dans cette édition !

Voici un lien rapide qui vous mènera à la page d'évaluation de vos commandes :

BestBooksActivity.com/Avis50

Merci pour votre aide et amusez-vous bien !

De la part de toute l'équipe

1 - Adjectifs #2

C	D	S	P	B	E	Ç	X	D	P	K	Z	M	O	U	U
R	R	Ó	A	R	M	Z	E	C	W	U	O	N	H	T	V
E	A	M	A	L	O	L	P	H	P	H	R	S	X	N	C
A	M	A	U	B	U	D	D	L	N	A	T	U	R	A	L
T	À	F	P	K	A	D	U	D	D	U	R	I	R	G	Y
I	T	A	L	A	S	J	A	C	E	S	O	T	E	E	T
U	I	P	O	T	E	N	T	B	T	I	F	P	S	L	W
G	C	G	K	A	F	K	O	R	L	I	A	I	P	E	Ç
S	A	L	V	A	T	G	E	J	Ç	E	U	R	O	G	Ç
Ó	I	Q	N	Y	Z	D	O	T	A	T	I	C	N	U	W
L	I	N	T	E	R	E	S	S	A	N	T	S	S	M	L
L	N	H	A	U	T	È	N	T	I	C	F	E	A	B	P
U	K	D	Y	R	P	L	Y	Z	R	K	I	D	B	V	T
G	D	Z	U	G	U	K	L	Y	D	D	P	W	L	P	E
R	T	B	F	Y	M	T	I	C	A	D	N	C	E	I	M
O	K	Z	W	U	K	Ç	E	E	F	K	I	Q	W	G	G

AUTÈNTIC
FAMÓS
CREATIU
DESCRIPTIU
DOTAT
DRAMÀTIC
ELEGANT
ORGULLÓS
FORT
INTERESSANT
NATURAL
NOU
PRODUCTIU
POTENT
PUR
RESPONSABLE
SALUDABLE
SALAT
SALVATGE
SEC

2 - Formes

Ç	E	C	P	E	A	N	K	Z	Q	R	A	E	X	Q	M
V	C	E	O	Z	L	O	I	V	C	U	O	V	A	L	K
Z	D	R	L	E	O	·	O	F	X	W	A	Z	H	Ç	U
X	X	C	Í	S	B	B	L	W	H	X	B	D	W	V	Z
P	S	L	G	F	R	X	S	I	C	O	R	T	R	Ç	V
R	I	E	O	E	È	D	E	A	P	N	O	C	R	A	N
E	Z	R	N	R	P	W	P	N	E	S	C	C	C	O	T
C	D	K	À	A	I	L	Í	N	I	A	E	U	W	J	A
T	E	D	W	M	H	T	U	M	P	V	R	B	D	K	T
A	N	Ç	N	S	I	O	A	Ç	C	H	D	P	L	D	S
N	B	H	X	P	U	D	L	Ç	R	O	N	K	S	I	O
G	C	S	O	W	K	W	E	R	P	R	I	S	M	A	C
L	C	A	N	T	O	N	A	D	A	V	L	E	S	G	O
E	G	W	T	R	I	A	N	G	L	E	I	R	H	F	C
K	O	I	F	C	F	V	V	R	L	B	C	O	U	J	P
E	G	P	V	E	V	S	X	I	H	Z	E	V	M	I	P

ARC
VORES
QUADRAT
CERCLE
CANTONADA
CORBA
CON
COSTAT
CUB
CILINDRE
EL·LIPSE
HIPÈRBOLA
LÍNIA
OVAL
POLÍGON
PRISMA
PIRÀMIDE
RECTANGLE
ESFERA
TRIANGLE

3 - Force et Gravité

E	I	V	N	D	S	A	C	I	M	À	N	I	D	D	T
X	M	E	T	F	N	M	P	W	A	O	U	S	Ç	E	E
P	P	L	J	X	H	S	L	B	G	X	G	G	H	S	M
A	A	O	G	N	O	X	A	Y	N	C	F	V	N	C	P
N	C	C	U	U	Ó	I	S	S	E	R	P	H	J	O	S
S	T	I	H	Z	W	E	R	E	T	A	F	I	B	B	D
I	E	T	S	R	A	O	E	T	I	C	R	P	M	R	I
Ó	Y	A	T	P	O	D	V	E	S	I	I	X	H	I	S
W	F	T	A	Q	E	P	I	N	M	N	C	D	W	M	T
F	T	F	T	L	Z	S	N	A	E	À	C	M	B	E	À
T	U	H	E	A	O	I	U	L	C	C	I	U	Q	N	N
M	O	V	I	M	E	N	T	P	Z	E	Ó	N	W	T	C
G	G	U	P	F	Í	S	I	C	A	M	N	D	I	R	I
W	N	R	O	Ò	R	B	I	T	A	K	M	T	L	Y	A
B	P	J	R	T	Q	M	D	D	V	J	L	J	R	E	Z
A	L	W	P	A	T	B	Q	K	N	N	V	W	R	E	L

EIX
CENTRE
DESCOBRIMENT
DISTÀNCIA
DINÀMIC
EXPANSIÓ
FRICCIÓ
IMPACTE
MAGNETISME
MECÀNICA
MOVIMENT
ÒRBITA
FÍSICA
PLANETES
PES
PRESSIÓ
PROPIETATS
TEMPS
UNIVERSAL
VELOCITAT

4 - Adjectifs #1

Ç	A	V	N	N	B	I	G	E	N	E	R	Ó	S	R	G
K	S	B	F	O	C	N	D	T	U	T	H	B	E	B	X
Q	J	M	S	W	F	C	C	È	Y	Y	T	T	N	C	Y
P	T	A	U	O	I	J	Ç	B	N	E	K	M	O	I	Z
E	P	E	Ç	G	L	F	E	U	I	T	C	A	R	T	A
S	R	X	J	K	O	U	X	I	A	N	I	K	M	S	S
A	I	D	I	O	K	N	T	T	M	E	N	C	E	Í	J
T	M	R	G	S	V	C	G	C	B	L	O	I	X	T	Ç
H	O	N	E	S	T	E	K	A	I	P	B	T	E	R	D
I	M	P	O	R	T	A	N	T	C	O	M	À	M	A	A
E	X	Ò	T	I	C	T	F	D	I	Ç	Z	M	O	G	S
P	E	R	F	E	C	T	E	G	Ó	U	P	O	D	K	J
R	W	X	S	D	V	P	I	C	S	A	L	R	E	V	O
Ç	A	E	L	W	C	R	R	X	H	X	W	A	R	B	T
W	T	T	D	M	T	Q	N	Ç	N	H	F	S	N	G	T
I	N	N	O	C	E	N	T	K	T	P	B	T	M	N	T

ABSOLUT
ACTIU
AMBICIÓS
AROMÀTIC
ARTÍSTIC
ATRACTIU
BONIC
EXÒTIC
ENORME
GENERÓS
HONEST
IDÈNTIC
IMPORTANT
INNOCENT
JOVE
LENT
PESAT
PRIM
MODERN
PERFECTE

5 - Instruments de Musique

V	C	C	D	W	P	H	S	U	T	V	S	P	T	G	S
I	Q	L	H	Q	G	R	S	F	R	M	M	A	R	O	A
O	Y	A	S	S	M	R	H	È	O	B	O	N	O	N	X
L	N	R	N	P	M	B	W	J	M	Q	J	D	M	G	O
O	I	I	T	G	N	B	N	J	P	F	N	E	B	P	F
N	X	N	L	D	A	J	I	P	E	E	A	R	Ó	G	O
C	Q	E	C	S	X	W	W	E	T	H	B	E	M	I	N
E	W	T	P	J	V	A	J	R	A	X	S	T	N	C	T
L	X	P	T	I	V	C	G	C	P	K	Ç	A	V	M	A
F	A	G	O	T	A	I	U	U	R	V	I	O	L	Í	M
F	L	A	U	T	A	N	X	S	A	F	H	U	V	Y	B
Z	X	K	T	I	I	Ò	O	S	I	B	T	G	G	W	O
O	U	W	C	E	K	M	Z	I	Y	N	V	B	I	F	R
G	U	I	T	A	R	R	A	Ó	L	Q	P	V	S	G	P
R	N	Ç	A	L	M	A	B	M	I	R	A	M	Y	J	T
D	T	W	Ç	X	O	H	M	A	N	D	O	L	I	N	A

BANJO
FAGOT
CLARINET
FLAUTA
GONG
GUITARRA
HARMÒNICA
ARPA
OBOÈ
MANDOLINA
MARIMBA
PERCUSSIÓ
PIANO
SAXOFON
TAMBOR
PANDERETA
TROMBÓ
TROMPETA
VIOLÍ
VIOLONCEL

6 - Herboristerie

T	E	V	E	F	E	M	E	N	F	W	V	Ç	I	B	K
C	D	Z	S	Z	S	J	J	H	Z	U	K	K	N	E	X
M	L	W	M	Z	N	M	L	J	I	U	Q	W	G	N	F
E	A	I	R	À	N	I	L	U	C	Y	À	M	R	E	S
S	T	R	E	V	I	L	U	J	Y	T	R	T	E	F	A
T	O	Q	D	D	B	L	L	O	N	O	F	J	D	I	L
R	R	J	T	U	H	A	D	N	A	V	A	L	I	C	F
A	J	O	J	N	I	Ç	H	S	J	H	S	G	E	I	À
G	J	T	M	Y	B	X	S	J	B	S	V	D	N	Ó	B
Ó	Y	Ç	T	A	T	I	L	A	U	Q	A	D	T	S	R
J	A	R	D	Í	N	E	R	T	W	D	Z	B	E	Z	E
Z	J	Ç	E	V	E	Í	W	N	V	E	R	D	O	A	G
F	A	R	I	G	O	L	A	E	Z	C	W	O	P	R	A
A	R	O	M	À	T	I	C	M	T	Z	Z	H	M	D	V
N	I	L	G	K	D	S	M	M	I	G	A	K	C	Ç	K
Q	Z	F	F	F	T	B	L	D	T	D	E	S	J	B	J

ALL
AROMÀTIC
ALFÀBREGA
BENEFICIÓS
CULINÀRIA
ESTRAGÓ
FONOLL
FLOR
INGREDIENT
JARDÍ
LAVANDA
MARDUIX
MENTA
JULIVERT
QUALITAT
ROMANÍ
SAFRÀ
SABOR
FARIGOLA
VERD

7 - Véhicules

H	M	T	Q	E	R	H	Q	C	S	C	O	O	T	E	R
T	E	O	C	X	Ó	I	V	A	X	F	Q	H	M	R	T
V	T	L	T	T	H	A	C	R	A	B	O	J	E	M	R
O	B	V	I	O	O	H	A	A	T	A	X	I	T	L	A
E	A	Ç	R	C	R	N	M	V	Ç	X	N	N	R	F	S
G	V	F	R	Y	Ò	Ç	I	A	Z	H	E	J	O	J	L
K	U	K	E	R	Z	P	Ó	N	Z	H	S	A	Y	L	L
D	Y	Q	F	J	D	B	T	A	R	V	C	L	A	T	A
T	J	J	D	Z	K	A	T	E	L	C	I	C	I	B	T
T	R	A	U	T	O	B	Ú	S	R	S	T	Ç	Y	E	F
I	D	A	B	A	S	S	A	A	Z	U	À	F	R	D	Q
S	H	Ç	C	E	Q	V	S	E	P	B	M	G	V	L	Ç
H	J	S	S	T	M	G	L	Y	Q	M	U	V	I	O	F
B	N	F	Ç	H	O	C	F	R	T	A	E	M	B	V	U
B	B	D	H	G	F	R	Z	T	G	R	N	T	D	S	O
A	M	B	U	L	À	N	C	I	A	Í	P	T	T	Z	D

AMBULÀNCIA
AVIÓ
BARCA
AUTOBÚS
CAMIÓ
CARAVANA
FERRI
COET
HELICÒPTER
METRO
MOTOR
TRASLLAT
PNEUMÀTICS
BASSA
SCOOTER
SUBMARÍ
TAXI
TRACTOR
BICICLETA
COTXE

8 - Camping

O	R	S	R	E	Y	Q	M	U	E	P	C	G	T	B	W
D	Y	R	I	M	O	Z	T	M	T	S	A	E	K	R	D
S	N	A	N	R	D	P	B	P	M	P	Ç	U	D	Ú	O
L	N	A	T	U	R	A	L	E	S	A	A	F	E	I	J
A	L	D	J	H	P	F	W	Z	E	O	C	X	B	X	V
M	E	A	D	R	O	C	O	F	W	W	W	M	K	O	U
I	C	O	N	M	U	N	T	A	N	Y	A	Z	X	L	B
N	H	N	L	T	N	E	M	A	P	I	U	Q	E	A	A
A	L	A	A	L	E	E	U	N	L	L	A	C	V	C	R
S	D	C	B	V	U	R	A	I	M	A	P	A	I	A	R
U	Ç	B	O	Z	E	N	N	B	T	E	N	D	A	M	E
L	U	H	S	G	V	N	A	A	K	Q	O	O	W	A	T
C	H	P	C	U	Ç	E	T	C	Q	Ç	L	F	Z	H	A
U	I	N	S	E	C	T	E	U	R	N	U	K	K	C	J
F	L	Y	I	L	N	E	Ç	J	R	I	C	T	N	L	N
Z	Y	X	W	Ç	G	C	V	X	W	A	L	W	S	C	S

ANIMALS
AVENTURA
BRÚIXOLA
CABINA
CANOA
MAPA
BARRET
CAÇA
CORDA
EQUIPAMENT
FOC
BOSC
HAMACA
INSECTE
LLAC
LLANTERNA
LLUNA
MUNTANYA
NATURALESA
TENDA

9 - Écologie

S	E	Q	U	E	R	A	Z	Y	J	K	P	C	D	W	E
C	E	J	S	Z	Ç	U	R	C	B	A	Q	R	I	Ç	S
E	L	B	I	N	E	T	S	O	S	C	Y	S	V	S	U
W	A	I	T	V	N	N	U	I	L	O	C	Y	E	J	P
Í	R	A	M	T	L	S	I	E	B	F	P	Q	R	N	E
V	U	O	S	A	C	A	O	J	X	T	V	S	S	O	R
E	T	V	O	L	U	N	T	A	R	I	S	T	I	P	V
G	A	V	N	A	T	U	R	A	L	E	S	A	T	L	I
E	N	W	A	T	K	A	B	T	K	V	E	T	A	A	V
T	Z	U	C	R	E	F	Ç	R	H	Q	Y	I	T	N	È
A	F	V	W	K	I	D	Ç	C	M	Q	N	N	A	T	N
C	T	V	Z	J	C	E	A	O	F	D	A	U	T	E	C
I	D	W	A	T	È	À	T	N	A	P	T	M	I	S	I
Ó	H	D	D	R	P	B	W	A	B	F	N	O	B	M	A
R	E	C	U	R	S	O	S	I	T	Z	U	C	À	U	D
G	S	J	U	L	E	J	L	F	G	Z	M	G	H	P	R

VOLUNTARIS
CLIMA
COMUNITATS
DIVERSITAT
SOSTENIBLE
ESPÈCIE
FAUNA
FLORA
HÀBITAT
PANTÀ
MARÍ
MUNTANYES
NATURALESA
NATURAL
PLANTES
RECURSOS
SEQUERA
SUPERVIVÈNCIA
VARIETAT
VEGETACIÓ

10 - Géométrie

X	H	V	G	N	Ú	M	E	R	O	R	B	Q	E	T	M
C	W	T	A	K	Q	L	I	W	H	Y	Ç	F	F	R	E
O	E	W	G	L	K	C	Q	Z	R	B	Ó	W	B	I	D
A	I	R	T	E	M	I	S	H	L	Q	I	Ó	J	A	I
W	C	L	C	S	U	P	E	R	F	Í	C	I	E	N	A
N	P	L	O	L	N	C	R	J	Z	K	R	C	O	G	N
A	P	K	U	Y	E	T	T	H	Z	H	O	A	S	L	A
M	A	S	S	A	S	A	E	L	O	D	P	U	C	E	P
L	K	W	G	B	B	Z	M	Z	I	B	O	Q	J	C	A
T	T	S	A	R	S	S	À	V	Z	N	R	E	E	À	R
P	E	A	F	O	K	R	I	K	Ç	V	P	D	T	L	A
A	N	O	F	C	Y	K	D	A	L	T	U	R	A	C	L
P	N	O	R	S	E	G	M	E	N	T	O	Y	D	U	·
I	V	G	Ó	I	S	N	E	M	I	D	R	Q	P	L	L
E	A	R	L	Z	A	C	I	G	Ò	L	S	A	P	V	E
M	M	E	A	E	V	E	R	T	I	C	A	L	F	A	L

ANGLE
CÀLCUL
CERCLE
CORBA
DIÀMETRE
DIMENSIÓ
EQUACIÓ
ALTURA
LÒGICA
MASSA
MEDIANA
NÚMERO
PARAL·LEL
PROPORCIÓ
SEGMENT
SUPERFÍCIE
SIMETRIA
TEORIA
TRIANGLE
VERTICAL

11 - Les Médias

C	X	T	Q	P	O	H	J	L	F	E	T	S	P	Q	J
O	B	E	F	L	O	N	H	A	K	X	N	G	Ú	V	Ç
M	Y	L	O	I	D	À	R	U	Q	I	N	P	B	R	S
U	H	E	T	Q	F	J	Q	T	U	V	R	C	L	R	G
N	E	V	O	P	C	R	Ç	C	E	A	S	C	I	Z	H
I	D	I	G	S	D	W	E	E	I	M	Y	Q	C	J	L
C	U	S	R	W	M	S	U	L	D	I	G	I	T	A	L
A	C	I	A	Ó	W	F	K	·	X	Z	I	S	Z	N	K
C	A	Ó	F	I	T	T	P	L	N	B	L	T	I	E	Z
I	C	A	I	N	Í	L	N	E	M	L	O	O	M	D	R
Ó	I	V	E	I	S	D	U	T	I	T	C	A	A	I	X
F	Ó	V	S	P	X	I	L	N	P	D	A	J	T	C	A
Y	G	C	D	O	X	Ç	R	I	O	T	L	U	G	I	R
I	N	D	I	V	I	D	U	A	L	M	F	S	E	Ó	X
C	O	M	E	R	C	I	A	L	I	O	G	A	S	N	A
A	W	Ç	E	A	I	R	T	S	Ú	D	N	I	B	D	Q

ACTITUDS
COMERCIAL
COMUNICACIÓ
EN LÍNIA
EDICIÓ
EDUCACIÓ
FETS
IMATGES
INDIVIDUAL
INDÚSTRIA
INTEL·LECTUAL
DIARIS
LOCAL
DIGITAL
OPINIÓ
FOTOGRAFIES
PÚBLIC
RÀDIO
XARXA
TELEVISIÓ

12 - Philanthropie

H	G	H	I	F	S	A	Z	Q	X	S	X	G	W	G	C
F	I	L	O	N	E	C	E	S	S	I	T	A	T	L	O
Q	O	S	W	N	H	U	M	A	N	I	T	A	T	O	N
L	B	P	T	N	R	W	B	S	E	T	U	Z	A	B	T
V	H	U	H	Ò	E	A	N	Ç	N	K	T	R	T	A	A
H	X	R	L	M	R	J	D	O	Y	Ç	N	F	I	L	C
I	G	G	R	N	D	I	A	E	V	T	E	O	R	G	T
F	L	X	F	Y	Z	U	A	Ç	S	J	V	N	A	Z	E
P	R	O	G	R	A	M	E	S	E	A	O	S	C	C	S
C	O	M	U	N	I	T	A	T	T	K	J	G	V	A	E
I	M	D	G	Y	Q	G	R	S	E	C	N	A	N	I	F
L	I	S	K	E	O	D	Z	V	M	C	H	P	V	X	F
B	S	C	L	I	N	P	D	K	H	F	O	W	U	Z	U
Ú	S	Q	V	T	A	T	I	S	O	R	E	N	E	G	E
P	I	Y	W	I	E	F	K	E	O	I	V	C	U	X	H
G	Ó	R	E	P	T	E	S	X	E	V	N	Ç	Y	I	W

NECESSITAT
METES
CARITAT
COMUNITAT
CONTACTES
REPTES
NENS
FINANCES
FONS
GENT

GENEROSITAT
GLOBAL
GRUPS
HISTÒRIA
HONRADESA
HUMANITAT
JOVENTUT
MISSIÓ
PROGRAMES
PÚBLIC

13 - Diplomatie

Ó	E	U	N	G	N	D	A	P	X	P	M	K	T	P	C
I	D	O	F	O	K	B	I	R	C	G	H	I	R	O	I
S	K	S	Y	V	I	A	C	P	I	T	X	I	A	L	U
S	G	M	T	E	D	F	Í	O	L	A	G	A	C	Í	T
U	O	B	J	R	I	U	T	R	A	O	A	U	T	T	A
C	Z	L	G	N	Z	N	S	J	O	P	M	Z	A	I	D
S	O	O	U	O	S	D	U	N	V	I	A	À	T	C	A
I	T	M	Z	C	F	L	J	K	A	R	S	C	T	A	N
D	A	Z	U	G	I	A	S	S	E	S	S	O	R	I	S
W	P	A	Z	N	I	Ó	I	C	A	R	E	P	O	O	C
N	P	Q	Q	Z	I	C	O	N	F	L	I	C	T	E	Q
D	Z	U	V	W	O	T	A	T	E	R	U	G	E	S	U
È	T	I	C	A	F	G	A	D	A	X	I	A	B	M	A
R	I	D	L	N	L	T	A	T	I	R	G	E	T	N	I
F	Z	K	B	M	E	S	T	R	A	N	G	E	R	L	U
R	E	S	O	L	U	C	I	Ó	Y	Y	G	J	O	B	A

AMBAIXADA
CIUTADANS
COMUNITAT
CONFLICTE
ASSESSOR
COOPERACIÓ
DIPLOMÀTIC
DISCUSSIÓ
ÈTICA
ESTRANGER
GOVERN
INTEGRITAT
JUSTÍCIA
POLÍTICA
RESOLUCIÓ
SEGURETAT
SOLUCIÓ
TRACTAT

14 - Astronomie

N	K	W	F	Y	G	F	V	M	N	R	G	P	E	B	P
U	Ç	C	H	F	J	K	R	W	Y	D	J	P	Q	N	L
A	S	T	R	O	N	A	U	T	A	H	C	V	U	E	A
C	O	N	S	T	E	L	·	L	A	C	I	Ó	I	B	N
E	V	T	A	V	O	N	R	E	P	U	S	E	N	U	E
V	E	Z	L	M	A	B	I	C	C	V	K	C	O	L	T
L	D	J	H	R	I	S	S	S	X	Q	Z	L	C	O	A
K	I	A	S	E	N	Ó	T	E	O	C	Y	I	C	S	W
C	O	I	E	C	K	I	A	R	R	E	T	P	I	A	L
I	R	C	Y	P	S	C	S	M	Ò	V	T	S	D	P	L
M	E	T	E	O	R	A	C	O	S	N	A	I	Y	Q	U
O	T	D	S	Z	E	I	O	V	L	L	O	T	L	I	N
J	S	A	M	P	V	D	S	G	U	A	U	M	O	Y	A
G	A	L	À	X	I	A	M	W	J	I	R	A	X	R	I
W	R	B	Y	V	N	R	O	Y	E	T	O	S	C	P	I
H	F	H	A	Q	U	J	S	Ç	P	J	Y	Y	H	O	L

ASTEROIDE
ASTRONAUTA
ASTRÒNOM
CEL
CONSTEL·LACIÓ
COSMOS
ECLIPSI
EQUINOCCI
COET
GALÀXIA
LLUNA
METEOR
NEBULOSA
OBSERVATORI
PLANETA
RADIACIÓ
SOLAR
SUPERNOVA
TERRA
UNIVERS

15 - Physique

M	L	H	G	K	D	X	I	F	S	Y	A	Q	N	Q	Ç
M	A	T	A	T	I	V	I	T	A	L	E	R	U	C	Z
Z	S	G	S	K	L	L	E	D	Z	Z	R	O	C	F	I
S	R	C	N	G	B	O	Ç	L	E	U	U	T	L	X	F
U	E	J	F	E	O	T	X	E	E	N	N	O	E	J	R
M	V	V	R	A	T	C	B	X	U	C	S	M	A	C	D
Z	I	B	E	C	A	I	H	N	O	B	T	I	R	V	L
P	N	N	Q	C	T	M	S	À	T	O	M	R	T	T	S
A	U	M	Ü	E	E	Í	W	M	E	E	T	C	Ó	A	W
R	S	A	È	L	V	U	E	E	E	G	Z	Q	V	L	T
T	O	S	N	E	A	Q	E	A	O	W	K	E	D	U	R
Í	K	S	C	R	R	M	O	L	È	C	U	L	A	M	C
C	Q	A	I	A	G	M	E	C	À	N	I	C	A	R	A
U	N	Y	A	C	S	M	N	E	C	H	D	K	N	Ó	O
L	T	A	T	I	C	O	L	E	V	M	A	I	T	F	S
A	L	N	R	Ó	X	G	A	X	X	X	P	S	D	L	G

ACCELERACIÓ
ÀTOM
CAOS
QUÍMIC
DENSITAT
ELECTRÓ
FÓRMULA
FREQÜÈNCIA
GAS
GRAVETAT
MAGNETISME
MASSA
MECÀNICA
MOLÈCULA
MOTOR
NUCLEAR
PARTÍCULA
RELATIVITAT
UNIVERSAL
VELOCITAT

16 - Types de Cheveux

O	C	W	J	E	J	B	H	T	B	M	Ç	A	V	C	M
Y	O	U	V	L	H	J	H	R	R	P	K	I	F	G	P
B	L	A	C	F	R	U	Q	E	I	P	I	H	Y	M	S
B	O	T	X	Z	Z	P	B	N	L	F	V	V	G	T	D
Z	R	G	R	I	S	O	Ç	A	L	A	V	Z	D	H	Q
A	T	R	U	C	N	P	U	T	A	B	L	Z	F	C	P
N	T	A	S	S	I	R	R	A	N	U	G	U	R	V	X
S	K	L	R	O	S	I	W	B	T	E	O	I	Y	Ç	F
H	A	L	P	D	I	M	X	C	O	O	Ç	C	R	I	S
F	D	L	A	I	K	C	C	E	G	V	V	L	G	M	Z
V	X	I	U	R	G	N	E	L	P	M	Z	R	C	X	Ç
M	D	V	A	D	Y	A	O	S	L	O	X	N	Í	R	P
V	A	U	U	C	A	L	G	F	A	J	J	M	Z	E	B
M	Z	R	S	N	B	B	X	T	T	A	L	U	D	N	O
T	Q	B	R	V	R	T	L	S	A	M	A	T	U	I	W
H	M	R	Q	Ó	M	D	T	E	R	G	E	N	H	F	F

PLATA
BLANC
ROS
RÍNXOLS
BRILLANT
CALB
COLOR
CURT
SUAU
GRUIX
ARRISSAT
GRIS
LLARG
MARRÓ
PRIM
NEGRE
ONDULAT
SALUDABLE
SEC
TRENAT

17 - Archéologie

F	Ò	S	S	I	L	T	H	Q	R	B	K	F	G	U	T
M	S	E	O	P	D	E	S	C	E	N	D	E	N	T	O
M	H	T	V	S	R	Ç	W	V	N	Z	L	A	Q	H	M
J	C	C	B	L	S	O	T	Q	Z	B	V	C	I	A	B
A	M	E	F	B	E	O	F	F	C	H	S	Z	S	M	A
P	E	J	A	L	H	W	B	E	I	R	E	T	S	I	M
V	N	B	A	P	G	W	S	X	S	L	R	H	U	P	A
T	I	O	X	I	D	Q	S	Q	J	S	A	U	K	K	N
A	A	V	A	L	U	A	C	I	Ó	S	O	X	P	Ç	T
D	N	C	E	R	À	M	I	C	A	N	N	R	I	U	I
I	F	À	R	Ç	D	E	S	C	O	N	E	G	U	T	G
L	V	D	L	W	U	A	K	B	B	Y	T	O	Q	R	U
B	W	X	A	I	U	Q	Í	L	E	R	D	N	E	E	I
O	L	T	F	P	S	T	E	M	P	L	E	T	A	P	T
B	R	O	D	A	G	I	T	S	E	V	N	I	U	X	A
C	I	V	I	L	I	T	Z	A	C	I	Ó	M	G	E	T

ANÀLISI
ANTIGUITAT
INVESTIGADOR
CIVILITZACIÓ
DESCENDENT
EXPERT
ERA
EQUIP
AVALUACIÓ
FÒSSIL
DESCONEGUT
MISTERI
OBJECTES
OSSOS
OBLIDAT
CERÀMICA
PROFESSOR
RELÍQUIA
TEMPLE
TOMBA

18 - Mammifères

P	F	B	R	Q	B	O	V	A	V	T	T	R	M	N	Z
C	O	P	A	Z	S	Y	J	N	N	C	C	J	P	G	T
Y	N	P	I	L	U	N	G	Ç	X	D	O	F	Í	D	C
F	N	R	G	L	E	O	F	I	E	G	K	T	V	C	Ç
J	A	L	X	L	N	N	T	U	R	R	C	Y	X	A	C
M	H	V	T	A	I	P	A	E	K	A	M	T	I	N	C
L	P	F	U	N	U	C	O	I	O	T	F	U	T	G	O
P	A	N	P	Y	G	Z	E	B	R	A	N	A	I	U	N
F	L	M	D	O	I	O	Z	Ç	X	E	U	P	G	R	I
G	L	M	I	C	O	U	D	L	P	N	U	L	R	F	L
Ó	E	L	L	G	O	R	I	L	·	L	A	L	E	P	L
S	V	S	S	E	L	E	F	A	N	T	U	O	B	Z	W
B	O	U	E	B	X	H	Ç	V	B	A	I	P	K	T	K
B	B	G	T	F	C	O	S	A	F	G	Q	A	B	A	Ç
B	K	J	B	X	H	E	G	C	D	T	R	M	S	K	Z
U	N	T	R	Ç	X	Q	H	Ç	W	V	Z	W	I	M	B

BALENA
GAT
CAVALL
GOS
COIOT
DOFÍ
ELEFANT
GIRAFA
GORIL·LA
CANGUR
CONILL
LLEÓ
LLOP
OVELLA
ÓS
GUINEU
MICO
BOU
TIGRE
ZEBRA

19 - Chocolat

V	T	H	G	Y	E	C	A	C	A	U	E	T	S	A	T
W	W	L	A	U	C	T	L	J	T	Ç	R	A	R	R	X
A	M	A	R	G	S	I	J	X	P	Y	C	C	R	T	F
L	F	R	T	Z	L	T	B	T	E	I	U	N	B	E	R
F	N	M	U	I	O	C	O	C	C	S	S	I	U	S	Z
Q	O	Y	K	M	P	S	V	Ç	E	R	M	L	R	A	P
A	U	B	I	T	H	E	G	C	R	D	Y	Ç	O	N	K
K	P	A	A	N	T	I	O	X	I	D	A	N	T	A	C
P	N	M	L	E	I	R	L	S	R	T	S	P	Q	L	E
J	M	O	O	I	H	O	V	Ó	K	M	Ò	T	Y	Ç	Y
P	R	R	N	D	T	L	V	I	E	S	L	X	J	B	V
Y	D	A	X	E	Z	A	W	C	A	R	A	M	E	L	C
Y	J	Z	H	R	C	C	T	I	R	O	V	A	F	I	A
B	X	Y	K	G	N	L	S	L	W	B	B	B	C	G	C
E	H	H	W	N	K	V	W	E	Y	A	X	G	M	D	A
D	O	L	Ç	I	O	Z	K	D	M	S	A	X	M	C	U

AMARG
ANTIOXIDANT
AROMA
ARTESANAL
CACAUETS
CACAU
CALORIES
CARAMEL
DELICIÓS
DOLÇ
EXÒTIC
FAVORIT
GUST
INGREDIENT
COCO
POLS
QUALITAT
RECEPTA
SABOR
SUCRE

20 - Mathématiques

P	D	U	N	W	J	A	N	G	L	E	S	A	T	R	A
C	A	I	K	Y	N	R	M	Z	R	W	T	E	R	A	R
L	X	R	À	K	A	E	S	F	E	R	A	Q	I	D	I
O	Ç	A	A	M	U	S	K	X	L	B	R	U	A	I	T
Y	U	P	N	L	E	K	Y	H	D	G	D	A	N	G	M
N	T	A	T	Y	·	T	O	J	B	F	A	C	G	P	È
O	I	D	G	K	Y	L	R	Ç	Q	S	U	I	L	X	T
F	R	A	C	C	I	Ó	E	E	Q	D	Q	Ó	E	B	I
P	T	I	E	X	D	M	U	L	O	V	E	B	E	N	C
C	O	P	E	R	P	E	N	D	I	C	U	L	A	R	A
Ç	M	L	S	I	M	E	T	R	I	A	D	Y	Y	X	C
B	B	Y	Í	E	X	P	O	N	E	N	T	P	Y	F	I
K	E	A	N	G	R	E	C	T	A	N	G	L	E	A	V
Ç	J	Ç	D	Y	O	P	E	R	Í	M	E	T	R	E	K
J	Z	Y	I	N	Y	N	G	E	O	M	E	T	R	I	A
N	D	E	C	I	M	A	L	C	K	T	E	W	F	I	E

ANGLES
ARITMÈTICA
QUADRAT
DECIMAL
DIÀMETRE
EXPONENT
EQUACIÓ
FRACCIÓ
GEOMETRIA
PARAL·LEL
PERPENDICULAR
PERÍMETRE
POLÍGON
RADI
RECTANGLE
SUMA
ESFERA
SIMETRIA
TRIANGLE
VOLUM

21 - Sport

H	R	O	J	Ó	A	F	V	R	S	G	D	A	M	E	N
D	J	O	M	I	S	A	T	L	E	T	A	J	M	N	J
O	B	J	E	C	T	I	U	L	O	R	I	O	J	T	H
U	P	H	J	I	K	Z	L	A	S	S	R	F	X	R	E
P	R	O	G	R	A	M	A	B	D	Y	S	Ó	M	E	S
R	B	U	A	T	A	Z	S	X	X	L	R	O	C	N	P
S	A	H	Z	U	C	X	F	L	B	J	E	M	S	A	O
C	V	D	U	N	O	Q	C	U	N	L	S	A	E	D	R
Y	E	I	E	M	S	I	L	C	I	C	I	X	F	O	T
O	S	E	O	N	L	F	O	R	Ç	A	S	I	A	R	S
D	E	T	U	U	U	L	V	X	S	Y	T	M	A	R	Z
R	T	A	T	I	C	A	P	A	C	V	È	I	Q	S	S
Y	U	J	Z	T	S	V	F	S	L	X	N	T	W	E	K
Y	W	N	Z	C	Ú	R	F	U	A	Z	C	Z	L	G	Y
A	G	R	I	M	M	T	Y	E	X	U	I	A	C	I	L
M	E	T	A	B	Ò	L	I	C	M	W	A	R	N	A	B

ATLETA
CAPACITAT
COS
CICLISME
BALL
DIETA
RESISTÈNCIA
ENTRENADOR
FORÇA
CÓRRER
MAXIMITZAR
METABÒLIC
MÚSCULS
NEDAR
NUTRICIÓ
OBJECTIU
OSSOS
PROGRAMA
SALUT
ESPORTS

22 - Mythologie

G	E	L	O	S	I	A	W	A	R	L	C	I	G	C	H
G	Q	N	K	E	I	U	N	Ç	T	L	O	M	E	R	B
L	A	B	E	R	I	N	T	N	Z	E	M	M	U	I	U
A	H	O	W	T	E	K	Y	A	V	G	P	O	A	A	F
T	D	E	F	S	X	R	S	J	U	E	O	R	T	T	O
R	G	S	R	N	T	Ç	R	N	B	N	R	T	M	U	L
O	L	N	I	O	B	G	I	E	D	D	T	A	G	R	R
M	N	B	C	M	I	U	Ç	V	U	A	A	L	M	A	L
C	R	E	E	N	C	E	S	X	D	G	M	I	À	R	H
Ó	E	J	P	J	F	I	Z	M	O	S	E	T	G	Z	W
I	X	A	Ç	P	P	O	G	Z	L	O	N	A	I	A	S
C	L	L	A	M	P	S	R	B	P	L	T	T	C	M	R
A	R	Q	U	E	T	I	P	Ç	A	K	Q	U	L	N	D
E	D	E	S	A	S	T	R	E	A	R	U	T	L	U	C
R	Z	K	N	F	A	O	T	O	V	B	R	O	B	R	L
C	R	M	H	T	Q	H	K	T	W	C	Y	B	M	D	Ç

ARQUETIP
DESASTRE
COMPORTAMENT
CREACIÓ
CRIATURA
CREENCES
CULTURA
LLAMPS
FORÇA
GUERRER
HEROI
IMMORTALITAT
GELOSIA
LABERINT
LLEGENDA
MÀGIC
MONSTRE
MORTAL
TRO
VENJANÇA

23 - Restaurant #2

A	H	F	A	P	O	S	P	J	R	P	S	T	T	E	U
R	I	U	Z	M	A	N	F	O	R	Q	U	I	L	L	A
E	O	G	A	L	A	M	O	E	S	F	P	S	P	D	D
L	U	E	U	L	W	N	L	X	Í	R	E	R	R	A	S
L	S	S	F	A	Ç	M	I	K	T	U	I	K	Y	W	U
U	Ó	P	I	V	Q	J	R	D	S	I	X	P	R	S	M
C	I	È	A	E	W	Z	V	G	A	T	O	V	D	C	R
U	C	C	F	U	U	E	N	W	P	A	P	Q	G	T	O
S	I	I	C	M	Z	M	P	B	T	P	P	D	T	L	E
A	L	E	A	A	S	O	P	A	R	E	R	B	M	A	C
L	E	S	C	O	D	V	E	R	D	U	R	E	S	G	D
A	D	U	G	E	B	I	D	I	N	A	R	G	D	E	Q
G	Z	E	O	W	R	S	R	C	M	T	N	V	D	L	Z
K	F	D	F	A	K	T	I	A	C	R	Q	Q	Ç	P	R
X	N	I	U	E	Y	V	J	Q	U	Ç	Z	Q	Q	S	Y
I	W	F	B	B	D	R	N	G	O	Ç	M	L	U	Y	T

BEGUDA
CADIRA
CULLERA
DINAR
DELICIÓS
SOPAR
AIGUA
ESPÈCIES
FORQUILLA
FRUITA
PASTÍS
GEL
VERDURES
FIDEUS
OUS
PEIX
AMANIDA
SAL
CAMBRER
SOPA

24 - Beauté

M	I	R	A	L	L	J	C	T	V	K	Q	Q	P	M	C
V	J	D	R	L	W	O	O	Z	O	W	Z	I	I	A	M
H	M	D	Ç	E	F	R	S	I	L	O	M	A	N	Q	C
M	A	W	M	P	F	W	M	U	G	O	H	F	T	U	G
V	I	I	O	Y	I	H	È	H	F	V	T	Y	A	I	A
O	C	P	C	P	Q	U	T	X	A	M	P	Ú	L	L	T
K	À	S	R	N	J	D	I	Q	A	K	S	I	L	L	I
J	R	E	S	Ç	À	W	C	H	O	A	I	I	A	A	S
M	G	H	N	C	N	G	A	G	L	H	K	Ç	V	T	O
C	À	K	I	C	M	R	A	K	J	M	A	E	I	G	R
I	B	S	M	U	A	S	E	R	V	E	I	S	S	E	E
R	J	K	C	O	S	N	M	O	F	F	G	L	Y	Z	S
B	S	M	L	A	R	B	T	L	E	L	E	G	A	N	T
D	S	Y	J	Z	R	Z	U	O	R	Í	N	X	O	L	S
V	B	I	Q	H	M	A	I	C	N	À	G	E	L	E	Y
Ç	F	O	T	O	G	È	N	I	C	A	K	I	X	F	E

RÍNXOLS
ENCANT
TISORES
COSMÈTICA
COLOR
ELEGÀNCIA
ELEGANT
GRÀCIA
OLIS
LLIS
MAQUILLATGE
MÀSCARA
MIRALL
FRAGÀNCIA
PELL
FOTOGÈNICA
PINTALLAVIS
SERVEIS
XAMPÚ

25 - Avions

B	A	Z	G	P	L	X	G	I	H	N	U	K	R	Z	C
T	M	M	R	F	W	W	D	M	N	Ç	Z	Ó	I	Y	O
L	O	Y	B	W	F	R	A	G	A	F	K	I	V	U	N
W	T	O	L	I	P	B	Y	E	B	A	L	C	Ç	Y	S
S	O	B	P	F	E	R	I	A	U	V	D	A	Ç	A	T
H	R	G	J	A	U	N	D	D	U	E	S	L	R	D	R
U	I	D	U	J	C	B	T	P	S	N	Y	U	E	I	U
S	U	D	S	N	E	C	S	E	D	T	R	P	G	R	C
S	N	U	R	T	L	D	V	O	U	U	S	I	T	E	C
X	Ç	T	F	O	V	E	T	E	U	R	F	R	A	C	I
A	P	I	J	I	G	P	C	V	F	A	G	T	S	C	Ó
E	G	T	A	R	R	E	T	A	U	T	L	B	S	I	M
A	E	L	G	A	P	P	N	F	M	K	O	H	A	Ó	I
Z	M	A	I	R	Ò	T	S	I	H	A	B	F	P	K	S
R	B	T	J	X	A	L	T	U	R	A	U	Z	V	V	N
C	O	M	B	U	S	T	I	B	L	E	S	V	M	Y	H

AIRE
ALTITUD
AMBIENT
ATERRATGE
AVENTURA
GLOBUS
COMBUSTIBLE
CEL
CONSTRUCCIÓ
DESCENS
DIRECCIÓ
TRIPULACIÓ
INFLAR
ALTURA
HISTÒRIA
HIDROGEN
MOTOR
PASSATGER
PILOT

26 - Aventure

P	E	P	S	O	R	P	R	E	N	E	N	T	Y	L	B
E	O	B	U	T	Q	P	N	A	V	E	G	A	C	I	Ó
R	V	D	I	F	I	C	U	L	T	A	T	S	S	P	O
I	A	B	Ç	T	H	A	Ó	E	I	C	C	E	E	R	P
L	L	A	U	S	U	N	I	N	F	O	D	L	G	E	O
L	E	A	O	Z	S	A	C	T	P	V	K	L	U	P	R
Ó	N	I	N	M	E	T	A	U	Y	Ç	T	E	R	A	T
S	T	R	K	L	G	W	N	S	R	K	A	B	E	R	U
Q	I	A	G	S	T	Ç	I	I	N	E	Y	L	T	A	N
I	A	R	T	O	A	E	T	A	X	T	P	W	A	C	I
A	B	E	Q	I	I	P	S	S	H	M	F	T	T	I	T
M	C	N	B	P	V	G	E	M	S	J	L	W	E	Ó	A
Y	D	I	E	U	O	I	D	E	H	T	T	N	Ç	S	T
T	N	T	X	J	U	X	T	E	X	C	U	R	S	I	Ó
O	C	I	W	V	Ç	T	R	C	N	U	F	Q	Z	O	J
W	I	F	Y	D	A	S	E	L	A	R	U	T	A	N	J

ACTIVITAT
BELLESA
VALENTIA
OPORTUNITAT
PERILLÓS
DESTINACIÓ
REPTES
DIFICULTAT
ENTUSIASME
EXCURSIÓ

INUSUAL
ITINERARI
GOIG
NATURALESA
NAVEGACIÓ
NOU
PREPARACIÓ
SEGURETAT
SORPRENENT
VIATGES

27 - Ville

E	C	H	B	M	F	B	F	C	E	W	R	B	R	T	Z
S	U	L	T	A	F	O	H	I	W	X	A	I	E	E	O
C	F	E	Í	G	N	Q	I	N	G	O	N	B	S	A	O
O	U	T	W	N	L	C	U	E	S	U	M	L	T	T	L
L	T	O	Z	S	I	L	M	M	T	C	A	I	A	R	Ò
A	W	H	X	B	C	C	I	A	A	R	D	O	U	E	G
I	M	E	R	C	A	T	A	B	C	D	Z	T	R	G	I
C	F	L	O	R	I	S	T	A	R	F	J	E	A	A	C
À	E	S	T	A	D	I	A	C	E	E	S	C	N	L	D
M	C	R	V	L	B	Q	R	E	M	E	R	A	T	E	C
R	Y	F	P	K	A	L	Ç	L	R	B	J	I	V	R	X
A	C	Q	Z	E	K	N	S	F	E	I	B	C	A	I	O
F	A	E	R	O	P	O	R	T	P	G	V	Ç	X	A	O
Y	R	K	S	Ç	X	Y	Q	U	U	Q	B	O	I	M	N
A	H	F	J	P	L	Q	O	V	S	E	N	Z	W	G	S
U	N	I	V	E	R	S	I	T	A	T	T	N	E	Y	F

AEROPORT
BANC
BIBLIOTECA
FLECA
CINEMA
CLÍNICA
ESCOLA
FLORISTA
GALERIA
HOTEL
LLIBRERIA
MERCAT
MUSEU
FARMÀCIA
RESTAURANT
ESTADI
SUPERMERCAT
TEATRE
UNIVERSITAT
ZOOLÒGIC

28 - Ingénierie

U	S	I	F	L	V	E	R	T	E	M	À	I	D	D	C
H	G	M	B	N	H	W	D	O	Y	K	I	K	X	I	E
S	B	N	O	Z	A	P	R	I	T	U	K	Z	L	È	J
Y	O	U	M	T	K	Y	F	J	A	A	G	P	U	S	E
A	N	G	L	E	Ó	N	D	L	M	G	C	U	O	E	N
E	S	T	A	B	I	L	I	T	A	T	R	I	M	L	E
O	T	J	Ç	Ó	C	U	U	A	Q	V	M	A	Ó	J	R
I	L	T	S	I	U	T	Q	T	K	H	E	N	M	Ç	G
J	X	T	F	S	B	H	Í	I	A	P	S	I	C	A	I
V	Z	I	A	L	I	H	L	D	O	L	U	U	À	C	A
Ó	I	C	C	U	R	T	S	N	O	C	R	Q	L	Ç	I
U	G	S	A	P	T	O	N	U	H	K	A	À	C	A	J
H	S	Ç	I	O	S	M	T	F	N	Y	M	M	U	D	W
L	Ç	Q	R	R	I	J	H	O	E	Q	E	O	L	F	G
W	D	S	B	P	D	N	R	R	M	Ç	N	R	Ç	P	H
V	U	F	O	R	Ç	A	N	P	M	H	T	L	U	K	F

ANGLE
EIX
CÀLCUL
CONSTRUCCIÓ
DIAGRAMA
DIÀMETRE
DIÈSEL
DISTRIBUCIÓ
ENERGIA
FORÇA
LÍQUID
MÀQUINA
MESURAMENT
MOTOR
PROFUNDITAT
PROPULSIÓ
ROTACIÓ
ESTABILITAT

29 - Énergie

G	C	F	Z	G	Z	C	G	X	T	V	Y	N	D	D	I
R	O	T	O	M	U	L	K	D	Z	K	Y	U	Y	I	N
Ç	N	L	G	T	S	X	S	B	X	U	S	C	D	È	D
O	T	I	L	J	Ó	V	D	E	A	N	O	L	T	S	Ú
R	A	N	I	B	R	U	T	D	Q	V	L	E	R	E	S
C	M	F	F	M	C	A	R	B	O	N	I	A	E	L	T
C	I	U	M	N	E	G	O	R	D	I	H	R	N	C	R
Z	N	R	M	E	W	D	V	E	N	T	L	P	O	A	I
H	A	A	T	A	S	Ç	I	B	D	D	K	I	V	L	A
L	C	D	F	C	T	V	E	A	G	P	Z	L	A	O	N
Ç	I	Q	L	A	È	U	I	Ç	M	K	E	A	B	R	I
U	Ó	R	T	C	E	L	E	B	H	B	R	P	L	I	L
A	X	I	D	Y	E	H	E	L	Q	Ç	I	N	E	O	O
A	Ç	Y	E	E	N	T	R	O	P	I	A	E	S	Y	S
C	O	M	B	U	S	T	I	B	L	E	Ç	E	N	X	A
M	A	H	G	Z	F	U	T	Z	I	T	I	R	D	T	G

PILA
CARBONI
COMBUSTIBLE
CALOR
DIÈSEL
ENTROPIA
MEDI AMBIENT
GASOLINA
ELÈCTRIC
ELECTRÓ
HIDROGEN
INDÚSTRIA
MOTOR
NUCLEAR
FOTÓ
CONTAMINACIÓ
RENOVABLES
SOL
TURBINA
VENT

30 - Cuisine

F	M	F	Y	E	M	J	T	C	B	S	S	U	G	Z	D
T	T	F	W	E	Z	Y	D	N	U	M	P	B	V	Z	W
W	B	A	V	Z	E	Ç	O	A	G	L	V	V	W	M	T
F	O	R	Q	U	I	L	L	E	S	A	L	O	Y	N	D
G	S	E	S	S	A	T	T	G	E	T	J	E	L	B	K
H	S	V	Z	O	L	U	O	R	I	N	I	F	R	R	E
P	L	E	S	K	J	S	V	A	C	A	L	W	A	O	S
J	C	N	B	H	M	Y	A	E	È	V	X	L	J	D	T
E	S	P	O	N	J	A	L	L	P	A	X	N	N	A	E
R	E	C	E	P	T	A	L	L	S	D	P	W	E	L	V
G	E	R	R	A	Z	H	Ó	A	E	B	G	O	M	E	I
E	S	C	U	R	A	D	E	N	T	S	O	B	T	G	N
C	U	L	L	E	R	E	S	R	L	J	G	L	S	N	A
B	U	L	L	I	D	O	R	O	L	C	C	G	M	O	G
S	Q	F	U	Ç	Ç	R	H	F	T	E	A	S	A	C	I
Ç	J	V	C	H	B	V	Z	L	Y	A	Y	S	M	A	A

ESCURADENTS
BOL
BULLIDOR
CONGELADOR
GANIVETS
GERRA
CULLERES
ESPÈCIES
ESPONJA
FORN
FORQUILLES
GRAELLA
CULLEROT
MENJAR
POT
RECEPTA
NEVERA
TOVALLÓ
DAVANTAL
TASSES

31 - Corps Humain

C	O	I	B	R	G	B	Q	B	L	M	M	S	K	L	E
G	O	W	Y	F	E	F	A	C	J	O	K	Q	A	L	S
J	M	L	J	G	N	A	S	R	C	O	R	P	R	A	T
D	H	L	Z	Y	O	L	L	T	B	P	E	L	L	V	Ó
G	E	E	D	E	L	L	C	A	P	E	Y	U	J	I	M
O	Z	M	X	T	L	T	J	L	V	U	T	I	D	S	A
W	J	R	T	D	O	A	M	U	I	Ç	B	A	R	A	C
M	O	U	C	O	P	P	Z	B	J	C	Z	R	N	K	H
A	Ç	T	O	N	H	S	A	Í	J	W	X	B	P	X	B
C	E	L	L	J	U	E	G	D	N	A	S	O	W	P	U
E	R	S	L	Z	I	A	E	N	L	O	Ç	C	C	H	Q
R	U	P	P	Y	W	Y	Q	A	Q	O	R	A	X	V	W
V	M	J	T	M	U	G	H	M	F	Y	M	E	I	O	O
E	R	V	L	N	B	L	Z	K	H	B	À	K	L	M	I
L	D	O	Q	L	V	X	A	M	B	Ç	D	Y	I	L	F
L	E	M	C	Y	D	X	X	L	H	S	J	G	C	Q	A

BOCA
CERVELL
TURMELL
COLL
COLZE
COR
DIT
ESTÓMAC
ESPATLLA
GENOLL
LLAVIS
MÀ
MANDÍBULA
BARBETA
NAS
ORELLA
PELL
SANG
CAP
CARA

32 - Biologie

O	C	E	L	·	L	A	E	T	C	E	C	F	G	C	D
E	S	S	I	N	A	P	S	I	L	A	R	U	T	A	N
V	I	M	A	N	A	T	O	M	I	A	O	A	Y	D	F
O	R	P	O	S	W	T	T	S	B	Ç	M	G	I	G	U
L	E	R	C	S	Ó	U	Z	U	O	A	O	Z	E	S	M
U	T	O	S	C	I	S	E	T	N	Í	S	O	T	O	F
C	C	T	H	O	R	U	M	H	K	D	O	I	C	U	I
I	A	E	Y	L	B	H	A	C	G	V	M	V	Y	R	V
Ó	B	Ï	S	·	M	N	M	F	P	A	A	R	W	D	Z
I	O	N	I	L	E	L	Í	O	V	J	N	M	O	A	I
C	E	A	M	A	P	E	F	L	Z	J	O	N	R	M	Q
A	M	X	B	G	O	N	E	O	I	V	R	E	N	S	I
T	B	M	I	E	I	Z	R	S	V	Q	U	E	Z	G	U
U	J	J	O	N	L	I	T	P	È	R	E	V	K	E	Ç
M	L	N	S	A	Q	M	X	Y	N	F	N	L	Z	H	O
F	K	G	I	A	T	S	H	O	R	M	O	N	A	U	E

ANATOMIA
BACTERIS
CEL·LA
CROMOSOMA
COL·LAGEN
EMBRIÓ
ENZIM
EVOLUCIÓ
HORMONA
MAMÍFER
MUTACIÓ
NATURAL
NERVI
NEURONA
OSMOSI
FOTOSÍNTESI
PROTEÏNA
RÈPTIL
SIMBIOSI
SINAPSI

33 - Épices

O	W	I	K	C	N	X	I	S	H	F	R	G	V	O	C
A	L	L	R	A	O	M	Z	G	A	L	I	M	U	X	O
L	B	Ç	M	R	U	W	J	I	Ç	L	C	C	R	Z	R
L	Ç	E	F	D	M	P	Y	N	L	O	U	O	E	Ç	I
I	V	R	C	A	O	F	G	G	M	N	R	M	G	X	A
N	H	B	R	M	S	V	A	E	R	O	R	Í	A	S	N
I	S	E	R	O	C	N	N	B	X	F	I	T	L	A	D
A	Ç	P	N	M	A	E	Q	R	O	B	A	S	È	F	R
V	W	R	O	R	D	O	S	E	L	T	C	R	S	R	E
O	H	Y	Ç	W	A	H	C	A	M	G	H	J	S	À	X
N	A	C	A	N	Y	E	L	L	A	Q	O	N	I	E	V
O	T	G	W	O	X	X	F	V	K	D	N	G	A	G	I
Ç	H	O	R	A	N	Í	S	L	D	N	H	C	Ç	T	A
W	S	L	L	E	M	R	E	V	E	R	B	E	P	U	N
O	W	A	M	A	R	G	I	I	Y	B	N	O	P	P	W
P	Ç	T	R	K	W	J	R	C	B	M	T	X	C	E	L

AGRE
ALL
AMARG
ANÍS
CANYELLA
CARDAMOM
CORIANDRE
COMÍ
CURRI
FONOLL
GINGEBRE
NOU MOSCADA
CEBA
PEBRE VERMELL
PEBRE
REGALÈSSIA
SAFRÀ
SABOR
SAL
VAINILLA

34 - Agronomie

O	G	C	R	E	I	X	E	M	E	N	T	M	N	X	I
C	E	C	O	L	O	G	I	A	I	J	Y	L	I	S	D
K	I	J	T	R	P	S	A	I	G	U	A	P	F	D	E
Q	V	È	C	T	N	E	I	B	M	A	I	D	E	M	N
T	R	A	N	Z	L	I	V	L	M	T	U	S	B	Q	T
E	U	Ç	U	C	W	T	N	J	C	U	B	V	P	Q	I
N	R	C	P	F	I	L	L	L	A	V	O	R	S	I	F
V	D	O	N	X	T	A	J	P	Q	N	D	A	H	Ç	I
R	E	R	S	S	N	L	C	U	J	C	A	J	G	X	C
E	E	R	Ó	I	C	A	N	I	M	A	T	N	O	C	A
C	N	O	D	D	Ó	M	J	F	G	P	I	E	G	Y	C
E	E	V	M	U	O	S	Y	U	T	L	S	M	F	R	I
R	R	N	L	T	R	P	R	O	D	U	C	C	I	Ó	Ó
C	G	Z	S	S	V	E	S	I	S	T	E	M	E	S	Ç
A	I	V	D	E	B	I	S	L	N	R	U	R	A	L	M
F	A	R	U	T	L	U	C	I	R	G	A	O	M	D	H

AGRICULTURA
CREIXEMENT
AIGUA
ADOB
MEDI AMBIENT
ECOLOGIA
ENERGIA
EROSIÓ
ESTUDI
LLAVORS

IDENTIFICACIÓ
VERDURES
MALALTIES
MENJAR
CONTAMINACIÓ
PRODUCCIÓ
RECERCA
RURAL
CIÈNCIA
SISTEMES

35 - Science

M	P	T	M	W	N	S	A	Z	E	D	B	M	O	Z	Y
E	È	X	S	E	L	U	C	Í	T	R	A	P	V	G	O
L	N	T	O	E	L	O	B	R	Y	S	T	D	K	A	O
Y	C	T	O	R	T	Z	K	I	D	S	Q	Q	E	Y	S
I	M	V	R	D	T	F	U	Q	H	L	O	X	U	S	E
U	S	H	A	T	E	I	R	O	T	A	R	O	B	A	L
E	V	O	L	U	C	I	Ó	E	G	R	F	R	C	S	U
À	T	O	M	B	N	S	I	X	R	E	Í	G	I	E	C
J	V	E	A	W	H	E	C	P	A	N	S	A	E	L	È
N	N	C	F	B	D	T	A	E	V	I	I	N	N	A	L
R	X	F	A	J	D	Ò	V	R	E	M	C	I	T	R	O
Q	U	Í	M	I	C	P	R	I	T	S	A	S	Í	U	M
P	P	J	I	G	G	I	E	M	A	M	M	M	F	T	U
G	R	E	L	Ç	X	H	S	E	T	C	K	E	I	A	A
V	L	N	C	U	I	P	B	N	G	I	Q	U	C	N	N
F	Ò	S	S	I	L	M	O	T	B	Z	Y	M	T	W	O

ÀTOM
QUÍMIC
CLIMA
DADES
EXPERIMENT
EVOLUCIÓ
FET
FÒSSIL
GRAVETAT
HIPÒTESI
LABORATORI
MÈTODE
MINERALS
MOLÈCULES
NATURALESA
OBSERVACIÓ
ORGANISME
PARTÍCULES
FÍSICA
CIENTÍFIC

36 - Vêtements

C	M	C	Z	I	Z	F	E	S	G	J	T	J	B	Z	A
I	X	J	C	S	U	Y	T	W	A	H	H	M	R	F	H
N	S	A	A	K	C	S	B	R	J	O	V	T	U	V	G
T	H	T	K	U	G	C	X	E	F	R	S	I	S	Q	V
U	R	E	T	È	U	S	I	T	R	J	P	A	A	C	N
R	X	U	A	L	A	W	N	R	V	E	S	T	I	T	O
Ó	C	Q	I	R	N	D	Ç	V	B	U	F	A	N	D	A
K	A	A	Y	G	T	O	A	O	N	A	A	T	T	P	D
G	M	J	I	L	S	S	E	V	R	N	P	A	E	A	O
S	A	N	D	À	L	I	E	S	A	Q	K	B	X	N	M
A	J	P	O	L	S	E	R	A	K	N	V	A	A	T	C
L	I	J	Z	S	I	H	H	Ç	I	Ç	T	S	N	A	A
M	P	E	U	N	M	Z	H	J	Q	N	M	A	S	L	M
B	A	R	R	E	T	E	R	A	L	L	O	C	L	O	I
U	F	A	L	D	I	L	L	A	Y	Q	P	Ç	I	N	S
U	C	Q	T	T	B	B	Ç	R	A	Z	S	F	B	S	A

POLSERA
CINTURÓ
BARRET
SABATA
CAMISA
BRUSA
COLLARET
BUFANDA
GUANTS
TEXANS

FALDILLA
ABRIC
MODA
PANTALONS
SUÈTER
PIJAMA
VESTIT
SANDÀLIES
DAVANTAL
JAQUETA

37 - Méditation

N	S	Ó	I	C	A	V	R	E	S	B	O	O	Z	J	Q
D	F	Z	H	S	G	C	S	A	L	J	Ç	A	B	Z	X
U	B	Ç	À	I	R	C	I	B	O	N	D	A	T	G	E
O	O	I	B	L	A	M	F	S	N	O	I	C	O	M	E
P	G	Z	I	E	Ï	X	Y	D	Ú	Ç	D	H	M	H	P
A	E	K	T	N	M	Q	M	Q	H	M	C	A	L	M	A
S	T	R	S	C	E	A	C	C	E	P	T	A	C	I	Ó
E	A	E	S	I	N	P	O	S	T	U	R	A	P	A	U
L	D	I	N	P	T	M	O	V	I	M	E	N	T	X	H
A	E	M	B	C	E	D	E	S	P	E	R	T	V	Z	B
R	R	E	Z	N	I	C	O	M	T	M	G	W	Ç	R	W
U	A	N	J	J	G	Ó	T	O	Y	A	R	Ç	X	H	B
T	L	T	L	H	H	J	Ó	I	S	S	A	P	M	O	C
A	C	A	J	S	Y	G	F	O	V	S	S	H	D	C	S
N	J	L	Ç	Z	Z	O	O	Q	X	A	P	J	O	F	Q
R	E	S	P	I	R	A	C	I	Ó	C	J	V	Ç	R	Q

ACCEPTACIÓ
ATENCIÓ
CALMA
CLAREDAT
COMPASSIÓ
EMOCIONS
DESPERT
BONDAT
AGRAÏMENT
HÀBITS
MENTAL
MOVIMENT
MÚSICA
NATURALESA
OBSERVACIÓ
PAU
PERSPECTIVA
POSTURA
RESPIRACIÓ
SILENCI

38 - Littérature

I	R	A	P	A	L	·	L	E	V	O	N	M	A	U	G
C	O	N	C	L	U	S	I	Ó	Z	Z	L	U	N	O	M
X	R	H	L	T	Z	T	T	W	R	E	E	B	È	X	Q
W	Ç	H	D	X	L	P	S	H	M	Ó	I	C	C	I	F
R	I	R	L	E	C	G	E	L	À	I	D	J	D	K	E
I	S	V	Q	K	S	D	A	I	F	A	R	G	O	I	B
Y	N	Q	Y	R	U	C	P	A	R	O	F	À	T	E	M
E	F	C	Ç	I	Q	R	R	O	T	U	A	L	A	A	K
G	M	C	H	M	M	E	I	I	È	E	B	A	M	N	X
T	E	M	A	A	I	D	H	T	P	T	O	A	E	À	A
A	N	A	L	O	G	I	A	P	M	C	I	K	O	L	N
C	O	M	P	A	R	A	C	I	Ó	E	I	C	P	I	Y
Z	E	U	J	N	A	R	R	A	D	O	R	Ó	Z	S	D
T	R	A	G	È	D	I	A	L	B	S	G	L	D	I	W
I	P	U	N	N	M	H	S	B	D	P	V	V	T	V	E
U	H	U	L	D	T	K	L	L	K	D	H	Y	A	X	M

ANALOGIA
ANÀLISI
ANÈCDOTA
AUTOR
BIOGRAFIA
COMPARACIÓ
CONCLUSIÓ
DESCRIPCIÓ
DIÀLEG
FICCIÓ
METÀFORA
NARRADOR
POEMA
POÈTIC
RIMA
NOVEL·LA
RITME
ESTIL
TEMA
TRAGÈDIA

39 - Nourriture #1

N	A	P	C	S	N	È	F	A	C	C	T	A	Ç	A	J
T	D	M	A	P	A	G	E	L	A	N	O	M	I	L	L
O	I	I	N	F	A	L	T	L	J	C	N	C	Ç	F	B
C	N	T	Y	D	P	S	P	J	R	R	Y	L	J	À	Ç
Q	A	B	E	C	O	A	T	E	L	L	I	Ç	S	B	Ç
Q	M	Q	L	A	S	R	Y	A	Ç	L	N	X	K	R	Ç
H	A	H	L	S	U	C	R	E	N	R	A	C	V	E	W
H	P	T	A	O	Z	U	K	T	Q	A	C	L	D	G	N
A	J	J	L	E	K	S	U	T	N	F	G	O	A	A	X
U	Q	O	S	X	O	U	P	E	R	A	O	A	R	M	L
E	S	P	I	N	A	C	S	X	S	X	S	F	B	D	J
M	A	D	U	I	X	A	A	U	L	F	D	D	K	V	I
S	G	Z	I	C	X	T	M	S	H	T	R	X	T	L	F
C	C	J	Z	I	H	Y	M	P	O	N	A	L	Y	I	V
D	P	P	P	H	B	V	Q	O	M	P	O	Ç	T	H	Y
P	F	U	O	T	C	A	D	R	X	Z	L	S	T	X	J

ALL
ALFÀBREGA
CAFÈ
CANYELLA
PASTANAGA
LLIMONA
ESPINACS
MADUIXA
SUC
LLET
NAP
CEBA
ORDI
PERA
AMANIDA
SAL
SOPA
SUCRE
TONYINA
CARN

40 - Jours et Mois

S	E	R	C	E	M	I	D	V	U	S	J	J	D	N	Ç
T	E	U	U	A	J	S	Ç	Y	X	E	U	E	A	G	S
R	Z	T	Y	N	U	J	R	S	Q	R	L	I	R	B	A
A	U	F	E	A	M	N	L	S	Ç	D	I	M	B	X	Q
M	M	E	S	M	G	E	N	E	R	N	O	H	P	W	E
I	D	O	B	T	B	N	S	R	A	E	L	Q	Z	Y	M
D	O	I	I	E	R	R	M	B	M	V	R	Q	B	E	L
Ç	F	S	S	S	O	S	E	M	W	I	E	B	E	Q	C
P	J	N	H	S	D	Q	Ç	E	X	D	A	S	E	Z	A
V	S	D	J	Z	A	L	M	V	C	Z	N	D	U	F	L
I	M	V	C	Q	S	B	Y	O	D	I	K	Ç	O	E	E
O	C	T	U	B	R	E	T	N	Ç	R	K	G	U	J	N
F	A	S	U	O	J	I	D	E	G	N	E	M	U	I	D
L	E	O	M	V	Z	X	K	Q	N	B	J	Ç	Q	V	A
D	B	G	F	Z	N	I	H	U	P	Q	C	M	P	T	R
P	F	A	I	F	D	I	L	L	U	N	S	H	X	D	I

AGOST
ABRIL
CALENDARI
DIUMENGE
FEBRER
GENER
DIJOUS
JULIOL
JUNY
DILLUNS
DIMARTS
MARÇ
DIMECRES
MES
NOVEMBRE
OCTUBRE
DISSABTE
SETMANA
SETEMBRE
DIVENDRES

41 - Jardinage

E	O	E	X	Ò	T	I	C	S	Ò	L	C	F	C	B	W
S	K	F	C	Q	X	H	R	A	M	B	X	U	O	R	S
T	R	O	H	T	P	Y	U	U	I	T	A	L	M	U	P
A	E	S	P	È	C	I	E	M	D	U	C	L	P	T	B
C	C	B	C	U	R	N	P	I	I	M	U	A	O	Í	R
I	D	N	L	O	Ç	G	C	A	J	T	À	E	S	C	V
O	J	S	Y	J	M	X	V	J	T	M	A	N	T	I	I
N	A	Y	W	U	L	E	O	K	B	A	M	T	E	A	X
A	I	J	B	E	K	A	S	L	W	S	I	T	H	G	C
L	G	W	U	N	J	E	G	T	A	L	L	U	F	L	A
C	U	L	L	A	V	O	R	S	I	I	C	K	C	M	F
U	A	I	Y	C	I	N	À	T	O	B	D	L	Ç	J	L
W	C	E	O	A	H	H	U	M	B	Y	L	C	U	U	O
B	N	V	I	M	U	V	W	L	H	J	W	E	B	Q	R
C	O	N	T	E	N	I	D	O	R	O	L	F	G	S	A
E	J	Z	S	S	A	B	B	W	Z	S	H	G	O	M	L

BOTÀNIC
RAM
CLIMA
COMESTIBLE
COMPOST
AIGUA
ESPÈCIE
EXÒTIC
FULLATGE
FULLA
FLOR
FLORAL
LLAVORS
HUMITAT
CONTENIDOR
ESTACIONAL
BRUTÍCIA
SÒL
MÀNEGA
HORT

42 - Entreprise

F	T	D	P	R	E	S	S	U	P	O	S	T	J	T	M
Ç	P	Ç	I	C	I	F	E	N	E	B	X	A	Z	R	E
K	Q	F	Q	N	N	D	O	M	X	D	W	C	P	A	C
B	Ó	I	S	R	E	V	N	I	G	J	F	F	Y	N	Z
F	L	W	D	C	F	R	T	S	O	C	B	P	V	S	C
E	À	R	I	F	Y	D	S	E	W	T	O	F	I	A	A
H	F	B	I	O	F	I	C	I	N	A	T	I	N	C	R
M	M	D	R	X	Ç	I	M	R	H	E	I	N	G	C	R
F	O	C	A	I	G	V	M	E	K	L	G	A	R	I	E
I	K	N	S	N	C	K	L	D	S	P	A	N	E	Ó	R
Q	V	U	E	L	R	A	S	A	H	M	D	C	S	G	A
L	M	I	R	D	Ç	T	Ç	C	J	E	N	E	S	G	I
C	P	F	P	N	A	I	H	R	W	B	E	S	O	T	W
S	N	V	M	L	K	I	J	E	A	D	V	L	S	I	N
P	N	Y	E	E	O	Y	I	M	P	O	S	T	O	S	X
E	M	P	R	E	S	A	I	M	O	N	O	C	E	C	J

DINERS
BOTIGA
PRESSUPOST
OFICINA
CARRERA
COST
MONEDA
EMPRESARI
EMPLEAT
EMPRESA
ECONOMIA
FINANCES
IMPOSTOS
INVERSIÓ
MERCADERIES
BENEFICI
INGRESSOS
TRANSACCIÓ
FÀBRICA
VENDA

43 - Activités

C	U	E	F	O	E	F	R	Y	V	U	P	Q	N	A	A
R	O	M	V	Ç	K	A	F	H	L	M	T	O	J	R	A
E	E	S	M	À	G	I	A	R	U	T	N	I	P	T	C
L	I	I	I	G	J	F	I	P	E	S	C	A	R	E	T
A	B	R	D	R	C	A	R	L	C	A	Ç	A	V	S	I
X	P	E	H	F	W	R	E	J	E	C	P	V	Q	A	V
A	P	D	A	H	T	G	N	P	F	C	Z	Y	P	N	I
C	G	N	B	Y	L	O	I	M	L	U	T	Z	Q	I	T
I	X	E	I	U	I	T	D	M	M	A	M	U	B	A	A
Ó	H	S	L	S	J	O	R	Ç	C	C	E	J	R	L	T
C	Ç	O	I	U	D	F	A	A	N	I	E	R	A	A	H
X	B	Z	T	W	D	W	J	S	G	M	G	S	C	N	R
H	A	K	A	E	S	R	J	T	Q	À	E	U	N	N	K
B	I	Z	T	J	E	X	G	J	F	R	E	B	M	B	I
C	À	M	P	I	N	G	O	C	I	E	G	F	I	B	F
I	N	T	E	R	E	S	S	O	S	C	O	J	A	R	T

ACTIVITAT
ART
ARTESANIA
CÀMPING
CERÀMICA
CAÇA
HABILITAT
COSIR
INTERESSOS
JARDINERIA

JOCS
LECTURA
OCI
MÀGIA
PINTURA
PESCAR
FOTOGRAFIA
PLAER
SENDERISME
RELAXACIÓ

44 - Mode

X	Ç	Y	T	N	A	G	E	L	E	R	T	Z	Q	Q	J
M	O	D	E	R	N	S	U	T	U	O	E	I	W	A	Z
K	B	O	T	O	N	S	S	E	H	B	I	B	O	C	O
Y	W	F	X	J	S	Z	L	E	I	A	X	C	V	Q	R
Z	Y	O	Q	O	R	O	K	U	Q	C	I	Y	D	P	I
T	E	X	T	U	R	A	F	Q	E	U	T	G	G	P	G
S	I	I	A	X	F	T	K	I	B	W	I	U	Q	E	I
E	X	A	D	Z	P	E	E	T	S	Y	G	B	R	Ç	N
D	K	C	O	K	P	N	C	U	B	T	T	R	L	W	A
O	Y	N	R	R	Ç	D	B	O	Ç	D	I	B	E	E	L
M	N	E	B	F	Q	È	R	B	C	I	T	C	À	R	P
E	T	X	Q	I	I	N	P	T	X	V	O	I	A	D	M
O	S	S	E	T	V	C	P	A	T	R	Ó	X	O	T	R
W	O	T	D	L	L	I	Z	N	E	S	T	E	X	C	S
Z	C	V	I	L	A	A	J	C	A	R	P	I	T	K	P
A	X	Q	G	L	M	I	N	I	M	A	L	I	S	T	A

ASSEQUIBLE
BOUTIQUE
BOTONS
BRODAT
CAR
ENCAIX
ELEGANT
MINIMALISTA
MODERN
MODEST

PATRÓ
ORIGINAL
PRÀCTIC
SENZILL
SOFISTICAT
ESTIL
TENDÈNCIA
TEXTURA
TEIXIT
ROBA

45 - Nourriture #2

P	K	U	W	T	O	Z	A	L	M	H	X	X	L	N	P
O	I	Q	B	F	K	B	E	Ç	X	J	F	T	V	S	L
L	W	X	O	C	O	L	A	T	A	M	O	P	O	P	À
L	I	D	G	H	E	I	P	R	M	X	J	M	L	E	T
A	R	I	N	O	V	N	C	M	E	O	S	R	A	I	A
S	A	N	A	Ç	Y	R	A	D	V	R	H	G	A	X	N
T	M	Y	M	W	V	E	M	A	R	B	I	S	P	R	Z
R	E	R	L	B	A	P	W	T	N	O	T	C	I	A	D
E	T	E	L	O	B	R	G	G	B	U	I	I	E	Ï	C
Y	L	F	A	L	B	E	R	G	Í	N	I	A	X	M	O
M	L	V	R	R	B	D	M	E	V	S	I	M	X	D	G
V	A	Y	K	W	N	L	O	D	B	R	Ò	Q	U	I	L
K	W	Q	J	W	B	Z	A	C	H	K	B	R	U	U	N
T	O	M	À	Q	U	E	T	T	V	E	T	Ç	R	E	Z
K	Y	L	M	D	X	I	K	M	S	T	D	V	T	A	Ç
M	R	H	R	I	E	N	E	M	U	K	Y	C	A	O	H

AMETLLA
ALBERGÍNIA
PLÀTAN
BLAT
BRÒQUIL
CIRERA
API
BOLET
XOCOLATA
PERNIL
KIWI
MANGO
OU
PA
PEIX
POMA
POLLASTRE
RAÏM
ARRÒS
TOMÀQUET

46 - Algèbre

L	V	S	S	U	V	Q	T	W	K	L	S	P	H	U	Z
M	I	T	A	Z	M	U	Z	S	F	L	Q	Z	B	E	Y
U	D	N	M	D	Y	A	Z	E	O	R	E	M	Ú	N	Q
K	G	E	E	R	J	N	W	B	S	L	A	F	J	M	T
D	V	N	L	A	I	T	A	R	K	D	U	C	Q	M	R
S	J	O	B	C	L	I	O	K	N	R	E	C	C	X	T
J	A	P	O	I	J	T	R	B	T	T	I	D	I	I	G
L	V	X	R	F	Z	A	E	Q	U	A	C	I	Ó	Ó	Ó
D	U	E	P	I	G	T	Z	A	I	Q	I	Z	Ç	U	S
I	W	K	T	L	H	S	L	S	R	H	F	H	Ç	K	V
A	N	E	A	P	M	J	I	T	T	C	À	Y	F	Ç	T
G	D	G	Ç	M	I	E	L	B	A	I	R	A	V	J	V
R	S	F	D	I	N	I	O	Y	M	U	G	C	O	Ç	G
A	F	Ç	O	S	P	A	R	È	N	T	E	S	I	A	O
M	F	A	C	T	O	R	F	Ó	R	M	U	L	A	E	G
A	R	E	S	T	A	Q	P	U	I	N	F	I	N	I	T

DIAGRAMA
EXPONENT
EQUACIÓ
FACTOR
FALS
FÓRMULA
FRACCIÓ
GRÀFIC
INFINIT
LINEAL
MATRIU
NÚMERO
PARÈNTESI
PROBLEMA
QUANTITAT
SIMPLIFICAR
SOLUCIÓ
RESTA
VARIABLE
ZERO

47 - Océan

E	J	B	A	X	O	W	T	K	H	O	X	A	L	S	S
Z	J	A	L	I	U	G	N	A	C	O	S	E	N	O	J
O	A	R	O	E	S	N	P	X	V	S	L	T	R	B	T
A	J	C	S	P	O	P	K	C	N	A	R	C	R	S	W
T	N	A	D	A	H	Í	F	O	D	W	D	F	F	A	G
S	O	J	R	A	L	I	Q	R	T	A	U	R	Ó	B	C
E	P	R	R	D	N	T	N	A	C	E	S	C	U	L	L
P	S	Z	T	U	C	N	E	L	R	J	E	O	O	R	D
M	E	T	C	U	S	H	A	J	B	Q	E	Q	N	C	A
E	N	I	Z	X	G	E	T	F	V	W	R	Ç	T	E	I
T	Y	F	X	N	E	A	B	M	A	G	A	M	O	U	K
A	S	C	F	A	P	E	C	Q	N	G	M	L	N	Q	Q
X	Q	V	B	U	M	B	H	M	E	D	S	X	Y	G	Y
N	H	M	S	O	O	T	A	H	L	T	I	Ç	I	I	U
X	E	X	V	O	G	M	W	J	A	Q	Ç	A	N	P	I
M	E	D	U	S	E	S	H	Q	B	D	C	U	A	G	T

ANGUILA
BALENA
BARCA
CORAL
CRANC
GAMBA
DOFÍ
ESPONJA
OSTRA
MAREES
MEDUSES
PEIX
POP
TAURÓ
ESCULL
SAL
TEMPESTA
TONYINA
TORTUGA
ONES

48 - Antiquités

Z	A	G	B	E	P	O	H	K	Z	R	J	B	Z	E	H
B	F	I	Q	T	S	E	L	B	O	M	O	M	P	L	C
Q	F	D	C	Ç	Ó	C	C	I	Ç	F	I	L	I	E	N
E	S	T	I	L	I	M	U	L	L	N	E	Q	N	G	U
K	E	A	T	P	S	B	E	L	Z	W	R	L	T	A	A
G	D	T	N	R	R	V	G	L	T	N	I	X	U	N	Z
W	E	I	È	E	E	E	D	E	F	U	A	C	R	T	P
I	N	L	T	U	V	L	S	V	I	R	R	X	E	R	I
K	O	A	U	I	N	G	S	T	T	B	D	A	S	V	K
V	M	U	A	T	I	E	R	U	A	I	R	E	L	A	G
A	J	Q	X	A	C	S	M	G	B	U	U	E	T	N	U
L	G	B	F	R	Z	K	Z	L	Ç	H	R	S	S	P	V
O	A	R	T	O	X	G	P	T	P	K	A	A	Z	C	S
R	V	M	Y	C	I	N	U	S	U	A	L	S	C	U	A
H	Q	G	C	E	U	I	H	R	T	P	D	P	T	I	W
M	K	K	U	D	J	I	R	W	U	K	M	L	R	A	Ó

ART
AUTÈNTIC
JOIERIA
DECORATIU
SUBHASTA
ELEGANT
GALERIA
INUSUAL
INVERSIÓ
MOBLES
PINTURES
MONEDES
PREU
QUALITAT
RESTAURACIÓ
ESCULTURA
SEGLE
ESTIL
VALOR
VELL

49 - Boxe

C	O	R	D	E	S	K	G	X	C	K	S	B	P	Q	K
T	H	X	B	H	O	K	Ç	U	O	V	J	Z	B	I	R
J	K	Ç	G	R	C	B	J	E	A	D	A	T	N	U	P
E	Y	K	D	Q	E	Z	L	O	C	N	I	L	Ç	Z	L
Q	F	B	V	Q	G	S	Y	O	Y	Y	T	S	Q	A	R
C	A	M	P	A	N	A	G	Q	N	L	W	S	Q	I	H
À	Ç	H	L	R	G	R	R	O	D	A	T	I	U	L	L
R	R	A	E	À	U	P	L	F	T	N	E	N	O	P	O
B	O	B	S	P	J	U	M	V	L	A	C	L	F	Ç	R
I	F	I	I	I	Ç	N	E	K	R	T	T	I	O	E	R
T	H	L	O	D	O	Y	Ç	K	J	E	Y	J	C	P	Q
R	L	I	N	Ç	L	Z	F	Ç	L	B	R	U	U	U	Ç
E	C	T	S	F	X	R	S	H	Y	R	I	D	S	N	F
A	D	A	N	O	T	N	A	C	B	A	E	I	Z	T	S
F	W	T	F	U	Q	K	Z	W	S	B	X	Z	J	S	Ç
Y	U	I	W	M	R	E	C	U	P	E	R	A	C	I	Ó

OPONENT
ÀRBITRE
LESIONS
CAMPANA
CANTONADA
LLUITADOR
HABILITAT
FOCUS
CORDES
COS
COLZE
PUNTADA
ESGOTAT
FORÇA
GUANTS
BARBETA
PUNY
PUNTS
RÀPID
RECUPERACIÓ

50 - Réchauffement Climatique

Z	N	J	Y	U	M	Ç	C	C	D	Q	K	X	Q	G	E
J	Z	Ç	O	X	U	F	L	L	A	A	X	M	T	J	J
F	U	T	U	R	J	Ç	A	I	R	T	G	A	S	G	Q
R	B	D	D	S	L	N	T	M	A	E	D	A	D	E	S
Y	J	B	X	C	R	D	N	A	Y	N	N	W	G	I	N
H	C	I	F	Í	T	N	E	I	C	C	P	M	E	N	O
E	À	A	F	L	I	J	I	M	T	I	O	G	N	D	I
Q	N	B	N	V	X	I	B	S	G	Ó	W	J	E	Ú	C
M	M	E	I	V	U	K	M	À	R	T	I	C	R	S	A
A	D	F	R	T	I	C	A	P	A	U	G	O	A	T	L
M	N	J	G	G	A	S	G	O	V	E	R	N	C	R	B
C	R	I	S	I	I	T	B	J	N	N	Y	R	I	I	O
L	H	V	B	F	H	A	S	G	N	U	R	T	O	A	P
I	N	T	E	R	N	A	C	I	O	N	A	L	N	X	T
N	L	E	G	I	S	L	A	C	I	Ó	N	V	S	V	F
T	E	M	P	E	R	A	T	U	R	E	S	T	G	M	R

ÀRTIC
ATENCIÓ
CANVIS
CLIMA
CRISI
DADES
AMBIENTAL
ENERGIA
FUTUR
GAS
GENERACIONS
GOVERN
HÀBITATS
INDÚSTRIA
INTERNACIONAL
LEGISLACIÓ
ARA
POBLACIONS
CIENTÍFIC
TEMPERATURES

51 - Ballet

T	È	C	N	I	C	A	W	Z	E	L	W	E	O	C	H
Ç	N	M	A	Q	Q	B	X	Z	X	Y	S	L	V	F	A
O	R	Q	U	E	S	T	R	A	P	K	G	E	P	Y	U
X	O	B	U	V	H	G	T	G	R	H	H	Z	Q	K	O
L	T	A	Q	G	F	Y	S	E	E	G	B	L	X	A	T
M	I	L	I	T	S	E	B	Ç	S	I	S	P	Z	I	A
Ú	S	L	O	X	A	M	E	I	S	A	T	W	O	C	T
S	O	A	M	A	V	T	A	T	I	S	N	E	T	N	I
I	P	R	Ú	B	X	I	I	N	U	S	H	A	A	È	L
C	M	I	S	A	G	R	A	C	I	A	T	D	O	I	I
A	O	N	C	O	G	P	P	Ç	O	R	B	Q	O	D	B
P	C	S	U	V	E	A	U	V	Z	Z	A	B	N	U	A
V	Z	O	L	O	S	S	Q	B	J	M	N	L	O	A	H
S	U	M	S	S	T	N	E	M	I	D	U	A	L	P	A
C	O	R	E	O	G	R	A	F	I	A	Ç	L	Ç	A	H
T	H	A	Ç	Y	A	R	T	Í	S	T	I	C	T	J	B

APLAUDIMENTS
ARTÍSTIC
BALLARINA
COREOGRAFIA
HABILITAT
COMPOSITOR
BALLARINS
EXPRESSIU
GEST
AGRACIAT
INTENSITAT
MÚSCULS
MÚSICA
ORQUESTRA
AUDIÈNCIA
ASSAIG
RITME
SOLO
ESTIL
TÈCNICA

52 - Fruit

P	A	B	A	I	A	U	G	R	B	Z	N	P	C	O	K
F	I	L	C	B	V	P	E	D	S	J	D	R	E	G	C
S	A	T	B	X	A	J	N	O	R	A	T	É	Q	N	Z
S	P	A	R	E	R	I	C	I	Z	V	F	S	V	A	R
M	A	C	D	S	R	U	A	P	X	Y	P	S	M	M	Ç
T	P	O	W	C	J	C	M	Ç	I	L	N	E	T	I	X
J	V	V	Q	J	Y	F	O	K	U	N	T	C	I	L	G
T	Ó	L	E	M	I	Ç	P	C	U	I	Y	D	B	J	B
R	N	A	T	À	L	P	E	R	A	M	Z	A	K	S	Ç
N	L	L	I	M	O	N	A	M	K	I	W	I	Y	Z	F
F	I	G	A	N	I	R	A	T	C	E	N	R	A	Ï	M
A	C	D	M	R	T	L	K	F	V	I	C	I	Q	Z	K
Z	Y	E	Ç	Ç	O	M	I	K	Y	O	B	I	X	L	M
N	F	G	C	L	B	G	C	T	L	Q	G	N	I	F	V
J	X	R	N	J	M	T	S	Z	L	P	L	L	C	H	C
Ç	Y	Q	R	B	H	S	S	D	G	J	I	Q	Y	Z	H

ALBERCOC
PINYA
ALVOCAT
BAIA
PLÀTAN
CIRERA
LLIMONA
FIGA
GERD
GUAIABA
KIWI
MANGO
MELÓ
NECTARINA
TARONJA
PAPAIA
PRÉSSEC
PERA
POMA
RAÏM

53 - Musique

I	Q	K	Ç	K	B	V	X	C	K	B	T	U	C	D	G
M	À	L	B	U	M	L	T	E	N	I	D	E	K	O	Ç
P	X	Y	H	P	T	C	O	U	W	X	F	G	M	S	Q
R	R	U	E	T	N	E	M	U	R	T	S	N	I	P	Z
O	Í	A	M	A	A	M	U	N	V	R	A	Q	G	D	O
V	T	D	T	N	T	T	S	Y	U	T	B	F	O	P	G
I	M	A	W	N	N	I	I	A	D	Y	D	B	M	L	C
S	I	L	G	N	A	R	C	I	T	È	O	P	Z	U	E
A	C	A	A	S	C	C	A	I	N	O	M	R	A	H	K
R	I	B	D	Ç	R	N	L	X	R	I	J	D	R	M	Q
X	S	H	A	R	M	Ò	N	I	C	Í	A	Y	E	E	M
A	S	U	M	B	F	E	N	N	R	Q	L	K	P	L	Z
K	À	L	C	F	J	J	U	X	J	V	K	H	Ò	O	A
N	L	A	C	O	V	Y	T	N	H	F	M	O	H	D	N
O	C	Ç	N	O	Ç	M	Ú	S	I	C	I	Ç	P	I	Z
B	R	U	Ç	M	I	C	R	Ò	F	O	N	L	Z	A	N

ÀLBUM
BALADA
CANTAR
CANTANT
CLÀSSIC
HARMONIA
HARMÒNIC
IMPROVISAR
INSTRUMENT
LÍRIC
MELODIA
MICRÒFON
MUSICAL
MÚSIC
ÒPERA
POÈTIC
RITME
RÍTMIC
TEMPO
VOCAL

54 - L'Entreprise

A	I	R	Ó	I	S	R	E	V	N	I	M	C	B	C	D
D	Ó	I	C	A	T	N	E	S	E	R	P	X	P	F	E
T	W	W	W	C	I	Ó	I	C	A	T	U	P	E	R	C
G	Z	K	S	C	L	P	T	V	U	D	K	C	A	O	I
F	L	F	Y	E	S	É	R	G	O	R	P	B	H	D	S
I	C	O	G	E	N	T	E	M	D	H	S	H	V	A	I
P	E	L	B	Z	D	M	S	S	L	D	L	O	Y	V	Ó
R	R	R	K	A	I	R	T	S	Ú	D	N	I	S	O	L
I	Z	O	N	C	L	Q	U	A	L	I	T	A	T	N	Ó
S	S	J	D	T	E	N	D	È	N	C	I	E	S	N	I
C	A	D	K	U	I	T	A	E	R	C	L	Z	U	I	C
O	J	I	Y	X	C	I	N	G	R	E	S	S	O	S	A
S	Y	P	I	T	A	T	I	L	I	B	I	S	S	O	P
U	N	I	T	A	T	S	E	D	Y	I	F	P	J	S	U
P	R	O	F	E	S	S	I	O	N	A	L	L	D	L	C
V	N	W	W	L	G	M	T	V	V	N	Q	O	S	A	O

NEGOCI
CREATIU
DECISIÓ
OCUPACIÓ
GLOBAL
INDÚSTRIA
INNOVADOR
INVERSIÓ
POSSIBILITAT
PRESENTACIÓ
PRODUCTE
PROFESSIONAL
PROGRÉS
QUALITAT
RECURSOS
INGRESSOS
REPUTACIÓ
RISCOS
TENDÈNCIES
UNITATS

55 - Gouvernement

Y	S	X	E	B	T	A	F	S	H	B	G	V	H	E	F
P	C	Y	A	X	T	N	E	M	U	N	O	M	D	C	F
T	P	P	M	Q	A	Y	M	C	U	L	I	V	I	C	Ç
J	C	R	R	Q	T	L	Y	L	D	A	K	O	E	L	J
A	Ç	M	M	K	R	A	I	A	C	I	T	Í	L	O	P
I	N	D	E	P	E	N	D	È	N	C	I	A	L	S	Z
N	D	A	F	G	B	O	G	E	Y	I	P	I	T	M	H
A	D	I	H	W	I	I	J	Ç	R	D	O	C	A	S	J
D	I	C	S	G	L	C	G	R	Z	U	N	Í	T	S	E
A	S	À	A	C	L	A	L	T	X	J	L	T	L	Í	N
T	C	R	O	I	U	N	D	R	E	T	S	S	A	M	D
U	U	C	C	F	W	S	N	A	C	I	Ó	U	U	B	H
I	R	O	F	Í	F	M	S	K	G	M	X	J	G	O	B
C	S	M	I	C	O	C	X	I	D	R	K	T	I	L	K
I	Y	E	Z	A	J	N	I	H	Ó	N	P	Ç	Z	Ç	X
D	F	D	H	P	C	O	N	S	T	I	T	U	C	I	Ó

CIUTADANIA
CIVIL
CONSTITUCIÓ
DEMOCRÀCIA
DISCURS
DISCUSSIÓ
DRETS
IGUALTAT
ESTAT
INDEPENDÈNCIA
JUDICIAL
JUSTÍCIA
LLIBERTAT
LLEI
MONUMENT
NACIÓ
NACIONAL
PACÍFIC
POLÍTICA
SÍMBOL

56 - Randonnée

Ç	Q	E	P	X	A	Ç	E	H	P	H	J	R	Q	Ç	Y
S	P	M	E	T	N	U	C	J	E	J	I	F	N	Ó	Ç
A	Ç	E	S	E	I	U	G	Ç	N	H	Z	Z	Z	I	U
L	V	K	A	Ç	M	E	E	G	Y	D	U	D	Ó	C	H
V	I	N	T	U	A	U	G	I	A	S	A	A	I	A	B
A	L	Z	A	U	L	O	K	S	S	S	E	M	C	R	T
T	C	E	S	R	S	A	S	X	E	B	O	I	A	A	Z
G	À	Q	N	B	W	E	I	R	G	O	S	L	T	P	I
E	M	G	A	O	R	B	R	H	A	T	Y	C	N	E	A
G	P	D	C	A	K	P	E	D	T	E	M	E	E	R	Y
C	I	W	V	N	Q	U	O	O	E	S	W	W	I	P	N
I	N	G	V	A	F	A	X	N	D	P	C	O	R	E	A
M	G	N	A	T	U	R	A	L	E	S	A	M	O	N	T
E	G	I	I	J	C	B	E	B	Q	T	L	J	Q	G	N
R	U	E	Ç	Z	O	E	O	T	P	A	R	C	S	N	U
A	Q	I	N	K	U	G	M	F	Z	V	X	H	I	Ç	M

ANIMALS
BOTES
CÀMPING
MAPA
CLIMA
AIGUA
PENYA-SEGAT
CANSAT
GUIES
PESAT
TEMPS
MUNTANYA
NATURALESA
ORIENTACIÓ
PARCS
PEDRES
PREPARACIÓ
SALVATGE
SOL
CIMERA

57 - Art

Ç	H	E	S	C	U	L	T	U	R	A	W	F	R	C	E
D	T	D	C	T	M	E	B	B	Q	L	U	Z	M	E	X
T	E	M	N	K	Q	K	J	V	Z	A	Ç	F	R	R	P
A	C	P	E	R	S	O	N	A	L	T	E	M	A	À	R
D	T	M	R	X	A	P	S	M	A	L	T	G	L	M	E
X	J	B	E	P	U	V	E	B	N	S	I	O	A	I	S
I	N	S	P	I	R	A	T	W	I	U	B	Z	C	C	S
S	Í	M	B	O	L	K	F	C	G	R	S	S	N	A	I
K	S	S	V	R	L	B	L	C	I	R	I	F	C	E	Ó
H	U	M	O	R	Z	L	B	H	R	E	D	R	X	R	S
X	E	L	P	M	O	C	C	P	O	A	Ç	D	A	T	P
Ó	I	C	I	S	O	P	M	O	C	L	A	U	S	I	V
K	D	F	C	L	R	Q	X	E	T	I	N	E	C	H	Q
M	S	E	R	U	T	N	I	P	T	S	E	N	O	H	T
P	X	J	V	A	I	S	E	O	P	M	C	R	E	A	R
R	E	T	R	A	T	A	R	L	A	E	P	G	E	R	C

CERÀMICA
COMPLEX
COMPOSICIÓ
CREAR
RETRATAR
EXPRESSIÓ
XIFRA
HONEST
HUMOR
INSPIRAT
ORIGINAL
PINTURES
PERSONAL
POESIA
ESCULTURA
SENZILL
TEMA
SURREALISME
SÍMBOL
VISUAL

58 - Nutrition

B	H	F	O	I	C	O	M	E	S	T	I	B	L	E	J
S	A	L	U	D	A	B	L	E	E	A	L	Y	D	N	S
D	T	G	F	P	B	U	H	W	P	R	U	S	P	B	I
I	E	D	I	G	E	S	T	I	Ó	B	Q	W	M	O	J
U	I	Q	V	T	H	O	J	F	Q	I	S	A	L	S	A
Q	D	U	I	U	V	N	F	B	E	L	S	A	B	O	R
Í	Z	A	T	C	T	G	T	S	E	I	R	O	L	A	C
L	T	L	A	J	O	I	Z	X	I	U	X	G	X	X	X
W	U	I	M	K	X	D	Y	W	W	Q	Q	F	U	Y	J
W	J	T	I	Ó	I	C	A	T	N	E	M	R	E	F	G
A	B	A	N	C	N	S	A	L	U	T	L	R	O	M	V
A	P	T	A	U	A	P	R	O	T	E	Ï	N	E	S	S
C	X	E	E	S	P	È	C	I	E	S	Z	W	V	N	H
C	I	S	T	N	E	I	D	E	R	G	N	I	U	S	G
V	O	E	Y	I	P	O	R	A	M	A	R	G	M	A	V
E	R	X	D	Q	T	N	I	B	H	U	P	M	H	G	T

AMARG
APETIT
CALORIES
COMESTIBLE
DIETA
DIGESTIÓ
ESPÈCIES
EQUILIBRAT
FERMENTACIÓ
INGREDIENTS
LÍQUIDS
PES
PROTEÏNES
QUALITAT
SALUDABLE
SALUT
SALSA
SABOR
TOXINA
VITAMINA

59 - Créativité

E	M	O	C	I	O	N	S	S	Z	W	D	A	P	R	D
V	B	T	I	D	E	E	S	B	E	L	H	T	D	J	C
I	M	A	G	I	N	A	C	I	Ó	N	A	C	A	Y	D
I	D	T	V	A	V	B	Q	I	Ç	N	S	H	X	V	D
N	R	I	Ó	I	S	S	E	R	P	M	I	A	I	K	Z
S	A	C	C	I	T	S	Í	T	R	A	W	P	C	S	R
P	M	I	N	A	T	N	O	P	S	E	Z	F	H	I	Ç
I	À	T	R	S	E	V	E	P	H	J	U	Y	S	X	Ó
R	T	N	Q	E	B	Z	Q	V	I	M	T	F	E	E	F
A	I	E	N	D	Y	U	I	F	N	O	H	O	X	V	I
C	C	T	F	Ï	R	F	T	A	T	I	L	I	B	A	H
I	I	U	Ç	U	Y	Q	E	X	P	R	E	S	S	I	Ó
Ó	U	A	T	L	I	N	T	U	Ï	C	I	Ó	F	U	Y
G	L	W	V	F	T	P	I	M	A	T	G	E	N	T	R
L	Z	I	N	T	E	N	S	I	T	A	T	I	S	S	T
V	I	S	I	O	N	S	T	C	L	A	R	E	D	A	T

ARTÍSTIC
AUTENTICITAT
CLAREDAT
HABILITAT
DRAMÀTIC
EXPRESSIÓ
EMOCIONS
FLUÏDESA
IDEES
IMATGE
IMAGINACIÓ
IMPRESSIÓ
INSPIRACIÓ
INTENSITAT
INTUÏCIÓ
INVENTIVA
SENSACIÓ
ESPONTANI
VISIONS

60 - Science Fiction

M	O	M	U	Y	T	G	K	K	C	P	R	H	O	B	G
A	I	P	O	T	U	P	O	T	M	C	O	B	J	B	N
Z	N	S	G	I	K	Y	N	Y	A	W	V	D	G	U	M
L	J	U	T	T	R	U	D	D	U	P	O	K	Y	E	T
D	G	T	O	E	I	M	A	G	I	N	A	R	I	A	E
M	Ç	A	P	R	R	D	P	C	E	X	T	R	E	M	C
Ó	D	H	L	T	A	I	G	I	E	L	F	P	F	E	N
N	Y	J	L	À	I	C	Ó	Ç	X	L	U	L	A	N	O
N	E	A	O	A	X	F	L	S	P	I	T	A	N	I	L
R	O	B	O	T	S	I	S	E	L	B	U	N	T	C	O
C	O	P	Ç	O	Z	E	A	W	O	R	R	E	À	I	G
R	O	S	I	R	A	N	E	C	S	E	I	T	S	M	I
I	L	·	L	U	S	I	Ó	O	I	S	S	A	T	Ò	A
Z	L	E	X	L	I	Z	X	F	Ó	D	T	Q	I	T	N
R	E	A	L	I	S	T	A	H	C	I	A	D	C	A	O
G	O	Z	Q	O	E	P	V	C	W	R	A	K	U	E	F

ATÒMIC
CINEMA
EXPLOSIÓ
EXTREM
FANTÀSTIC
FOC
FUTURISTA
GALÀXIA
IL·LUSIÓ
IMAGINARI
LLIBRES
MÓN
MISTERIÓS
ORACLE
PLANETA
REALISTA
ROBOTS
ESCENARI
TECNOLOGIA
UTOPIA

61 - Professions #1

B	A	N	Q	U	E	R	E	B	M	O	B	T	J	M	Y
D	T	V	F	E	N	T	R	E	N	A	D	O	R	Ú	J
B	S	E	Y	A	N	I	R	A	L	L	A	B	O	S	O
O	I	T	H	X	R	O	D	A	Ç	A	C	P	D	I	I
H	P	E	Ç	O	Ç	G	E	Ò	L	E	G	S	A	C	E
S	M	R	K	M	O	N	Ò	R	T	S	A	A	X	X	R
E	A	I	R	C	I	F	Í	T	N	E	I	C	I	Z	F
I	L	N	H	G	P	K	Y	A	R	G	V	U	A	J	S
P	W	A	E	C	O	Y	Z	C	X	A	T	Y	B	J	Y
I	H	R	Z	O	D	R	J	O	G	R	C	E	M	S	P
A	Q	I	F	Q	V	Ç	Ç	V	K	R	C	T	A	I	I
N	X	C	R	R	O	T	I	D	E	R	I	H	Ç	N	W
I	M	P	A	B	Ç	G	J	A	G	Q	Z	E	V	A	F
S	J	N	Q	U	M	C	I	J	T	B	Q	U	U	Y	J
T	W	I	M	O	X	I	P	G	E	L	Ò	C	I	S	P
A	O	J	F	I	N	F	E	R	M	E	R	A	U	A	G

AMBAIXADOR
ASTRÒNOM
ADVOCAT
BANQUER
JOIER
CARTÒGRAF
CAÇADOR
BALLARINA
ENTRENADOR
EDITOR
GEÒLEG
INFERMERA
METGE
MÚSIC
PIANISTA
LAMPISTA
BOMBER
PSICÒLEG
CIENTÍFIC
VETERINARI

62 - Géologie

A	S	D	G	T	C	L	B	B	Q	C	Q	I	L	F	E
N	L	A	Ç	Ç	O	W	G	N	V	O	C	Y	N	S	Z
R	L	T	C	C	R	I	Ç	F	B	N	H	A	V	A	L
E	A	H	I	A	A	R	D	E	P	T	A	L	P	R	V
V	T	G	C	P	L	E	E	L	D	I	C	À	G	A	O
A	S	I	L	A	L	H	B	B	N	N	F	P	U	M	L
C	I	J	A	D	I	À	D	B	U	E	Q	M	B	I	C
C	R	S	C	G	S	R	A	U	Q	N	Q	C	E	N	À
G	C	E	X	U	S	G	N	J	P	T	F	O	S	E	G
D	W	Q	S	H	Ò	F	O	P	D	S	O	F	E	R	S
A	K	P	P	I	F	O	Z	G	X	M	Z	G	Y	A	M
L	T	X	L	F	È	U	W	P	W	S	Y	D	H	L	D
K	J	D	C	B	Ç	U	W	R	A	R	T	S	V	S	A
H	C	S	N	C	D	E	G	E	R	O	S	I	Ó	X	O
T	Ç	H	Q	I	S	D	A	D	S	A	L	S	W	E	I
E	S	T	A	L	A	C	T	I	T	A	D	H	Z	N	M

ÀCID
CALCI
CAVERNA
CONTINENT
CORAL
CAPA
CRISTALLS
EROSIÓ
FOS
FÒSSIL
GUÈISER
LAVA
MINERALS
PEDRA
ALTIPLÀ
QUARS
SAL
ESTALACTITA
VOLCÀ
ZONA

63 - Jardin

M	G	R	H	A	R	O	L	F	U	G	V	X	M	I	C
J	A	K	R	R	B	A	Ò	P	A	E	I	S	A	L	F
E	R	I	H	B	C	Z	S	A	L	S	N	M	L	P	N
Ç	A	D	L	U	P	R	X	C	R	P	Y	Z	E	P	S
I	T	V	V	S	Ç	P	O	N	L	A	A	J	S	O	F
G	G	O	B	T	F	O	N	A	Í	E	Z	Y	H	U	Z
M	E	R	B	R	A	U	V	T	D	O	T	S	E	A	J
O	N	O	B	A	N	C	U	T	R	R	Q	A	R	E	D
H	M	L	O	P	A	L	A	H	A	A	B	G	B	H	Y
B	E	M	À	N	E	G	A	A	J	S	M	K	E	O	U
V	H	R	Y	Y	K	J	F	M	X	S	W	P	S	R	A
X	K	D	B	N	U	D	U	A	W	A	P	A	O	T	C
M	M	Ç	F	A	M	X	X	C	S	R	I	R	Y	L	Q
U	D	U	H	T	X	X	E	A	A	R	K	R	R	F	Í
G	S	W	L	S	Y	Z	B	C	Z	E	R	U	J	J	C
X	P	H	E	E	O	O	I	Y	P	T	W	W	F	A	G

ARBRE
BANC
ARBUST
TANCA
ESTANY
FLOR
GARATGE
HAMACA
HERBA
JARDÍ
MALES HERBES
PALA
GESPA
RASCLET
SÒL
TERRASSA
TRAMPOLÍ
MÀNEGA
HORT
VINYA

64 - Santé et Bien Être #1

Q	Ç	S	S	A	Z	H	G	C	T	B	I	B	J	L	R
T	I	B	À	H	R	K	G	U	X	A	R	U	T	L	A
E	A	Ç	F	U	U	R	X	A	I	C	À	M	R	A	F
R	C	C	X	V	Y	E	A	R	U	T	C	A	R	F	Ç
À	O	L	T	B	L	F	C	U	U	E	P	F	W	C	V
P	W	S	Í	I	I	L	T	T	M	R	V	I	R	U	S
I	E	E	S	N	U	E	N	S	E	I	J	O	T	A	M
A	W	N	L	O	I	X	E	O	D	S	Ç	Ç	N	G	Z
Ç	B	O	Q	A	S	C	M	P	I	L	L	E	P	K	U
F	E	M	U	K	Ç	D	A	O	C	U	C	F	N	J	E
P	Ó	R	W	V	R	I	T	C	I	C	X	X	L	X	V
L	I	O	P	R	I	Ç	C	S	N	S	N	B	K	I	B
P	S	H	Q	D	O	K	A	B	A	Ú	B	I	P	P	I
M	E	T	G	E	N	C	R	G	X	M	P	G	F	E	P
M	L	C	V	P	X	N	T	B	K	Ç	B	Q	D	P	F
F	R	F	O	T	M	P	E	B	K	R	W	G	H	K	V

ACTIU
BACTERIS
LESIÓ
CLÍNICA
FAM
FRACTURA
HÀBIT
ALTURA
HORMONES
METGE

MEDICINA
MÚSCULS
OSSOS
PELL
FARMÀCIA
POSTURA
REFLEX
TERÀPIA
TRACTAMENT
VIRUS

65 - Barbecues

F	Q	D	C	N	B	X	O	F	X	Ç	U	F	M	A	Ç
U	Z	I	H	Ç	P	I	B	H	T	S	Ç	M	R	N	M
W	Q	M	P	G	L	E	U	S	Z	Y	B	P	E	S	Q
J	N	Z	C	D	L	N	I	E	Y	I	M	J	S	X	P
V	O	P	M	I	A	C	R	D	E	S	S	U	T	K	O
W	F	C	E	N	P	J	R	I	W	U	Q	Z	I	A	L
C	Q	J	S	A	D	X	T	N	E	L	A	C	U	T	L
V	G	Z	D	R	X	O	V	A	S	L	A	S	P	I	A
U	Q	S	T	E	U	Q	À	M	O	T	J	S	T	H	S
A	C	E	Z	A	N	V	C	A	P	O	L	V	E	L	T
U	H	I	M	L	R	B	S	U	A	T	I	U	R	F	R
F	A	M	Í	L	I	A	N	P	R	T	Z	E	B	G	E
N	B	A	M	E	M	Ú	S	I	C	A	M	W	E	R	X
V	E	F	V	A	G	A	N	I	V	E	T	S	P	X	A
W	C	N	W	R	B	Ç	V	E	R	D	U	R	E	S	E
J	C	O	S	G	H	U	I	W	U	A	C	F	P	R	H

CALENT
GANIVETS
DINAR
SOPAR
NENS
ESTIU
FAM
FAMÍLIA
FRUITA
GRAELLA

JOCS
VERDURES
MÚSICA
CEBA
PEBRE
POLLASTRE
AMANIDES
SALSA
SAL
TOMÀQUETS

66 - Forêt Tropicale

M	A	M	Í	F	E	R	S	E	R	E	F	U	G	I	A
R	L	S	Q	W	T	A	T	I	N	U	M	O	C	X	M
E	G	R	L	E	M	I	Ç	C	P	A	V	K	U	O	F
S	N	E	D	O	M	N	U	È	N	P	N	K	Q	L	I
P	U	S	I	Ç	M	D	Ç	P	L	K	W	D	D	V	B
E	J	T	V	D	L	Í	A	S	O	C	E	L	L	S	I
C	I	A	E	Ç	T	G	S	E	T	C	E	S	N	I	S
T	P	U	R	U	X	E	E	Ó	I	F	E	Q	A	D	T
E	J	R	S	I	L	N	L	S	U	H	J	E	M	M	C
H	L	A	I	I	B	A	A	M	I	L	C	F	R	D	A
C	R	C	T	Ç	H	C	R	N	B	K	A	W	D	T	J
D	W	I	A	B	A	O	U	K	Ú	Q	L	V	V	Q	Ç
P	N	Ó	T	Y	D	N	T	U	D	V	M	R	E	U	Q
K	M	S	U	C	C	B	A	H	Y	P	O	X	D	C	R
L	O	J	B	O	T	À	N	I	C	K	Y	L	S	P	S
C	O	N	S	E	R	V	A	C	I	Ó	I	E	S	Y	S

AMFIBIS
BOTÀNIC
CLIMA
COMUNITAT
DIVERSITAT
ESPÈCIE
INDÍGENA
INSECTES
JUNGLA
MAMÍFERS
MOLSA
NATURALESA
NÚVOLS
OCELLS
VALUÓS
CONSERVACIÓ
REFUGI
RESPECTE
RESTAURACIÓ

67 - Ferme #1

A	C	O	R	B	R	F	U	R	W	Y	N	P	T	A	G
Q	I	Q	A	Q	E	O	L	U	V	P	R	B	C	G	X
C	F	G	R	A	M	A	T	C	U	A	P	G	M	R	X
A	Y	M	U	A	B	E	L	L	A	K	C	Ó	S	I	B
V	P	I	C	A	J	N	U	C	J	R	J	A	N	C	N
A	A	Y	B	E	R	K	P	D	I	I	T	U	N	U	W
L	R	T	M	I	I	B	B	J	N	A	T	G	O	L	Ç
L	R	K	P	O	L	L	A	S	T	R	E	P	T	T	H
L	Ò	B	X	A	Y	Q	R	C	N	E	F	Z	P	U	Y
E	S	O	G	E	W	C	F	T	H	J	Z	T	B	R	T
D	O	Y	P	T	H	P	P	M	O	Y	X	W	W	A	J
E	N	Ç	M	E	L	R	X	E	V	X	E	Z	P	T	O
V	P	P	A	W	B	C	Q	Z	Q	W	N	O	D	M	Ç
O	M	N	C	E	M	R	W	L	L	B	B	H	J	Y	F
F	X	X	W	P	A	D	O	B	A	A	M	I	Z	Y	I
T	A	N	C	A	V	J	A	T	F	B	U	D	L	C	J

ABELLA
AGRICULTURA
RUC
BISÓ
CAMP
GAT
CAVALL
CABRA
GOS
TANCA
CORB
AIGUA
ADOB
FENC
MEL
POLLASTRE
ARRÒS
RAMAT
VACA
VEDELL

68 - Café

S	U	C	R	E	B	Y	Ç	D	X	K	E	S	M	Q	I
Ç	N	U	R	D	O	I	I	P	M	G	Q	W	P	F	I
U	T	C	M	F	Q	N	P	L	N	Í	Q	P	R	G	V
Y	O	Z	Ç	Y	S	A	L	L	E	T	V	W	V	S	V
Z	X	I	T	X	E	Y	Q	D	G	A	T	A	N	E	I
O	E	Z	W	L	S	Z	H	E	I	M	U	H	C	T	N
U	K	G	G	E	I	A	O	E	R	T	L	I	F	A	I
Y	Q	D	Y	D	T	N	B	S	O	T	Z	B	L	T	J
O	A	D	I	C	À	Ï	S	O	A	P	O	C	N	E	N
C	S	I	L	N	U	E	R	P	R	M	V	H	X	I	E
A	D	U	G	E	B	F	Q	R	S	V	A	M	O	R	A
R	C	Q	O	U	X	A	C	P	P	Q	F	R	K	A	E
S	B	Í	U	B	A	C	P	G	L	U	N	X	G	V	A
N	Y	L	D	G	W	C	T	P	I	M	X	P	U	H	Y
M	O	L	D	R	E	R	G	E	N	R	O	S	T	I	T
H	L	G	M	B	L	T	C	T	Q	S	R	S	A	N	Ç

ÀCID
AMARG
AROMA
BEGUDA
CAFEÏNA
NATA
AIGUA
FILTRE
LLET
LÍQUID
MATÍ
MOLDRE
NEGRE
ORIGEN
PREU
ROSTIT
SABOR
SUCRE
COPA
VARIETAT

69 - Antarctique

M	I	N	E	R	A	L	S	G	S	A	F	B	I	C	S
C	J	U	Q	P	F	A	X	E	Y	I	G	A	N	O	Y
N	S	W	B	P	N	Q	S	L	M	G	W	L	V	N	L
M	I	G	R	A	C	I	Ó	M	Ç	U	N	E	E	S	N
G	C	O	N	T	I	N	E	N	T	A	K	N	S	E	Z
A	L	E	A	R	U	T	A	R	E	P	M	E	T	R	Z
O	J	A	O	P	S	W	I	I	T	E	Ó	S	I	V	B
M	A	Z	C	C	I	F	Í	T	N	E	I	C	G	A	G
W	T	G	H	E	E	F	C	B	Y	A	C	O	A	C	E
A	B	O	E	C	R	L	L	K	H	R	I	V	D	I	O
I	L	L	E	S	X	E	L	O	S	O	D	G	O	Ó	G
D	U	V	O	B	T	V	S	S	X	C	E	C	R	U	R
A	L	U	S	N	Í	N	E	P	F	Ó	P	B	G	Ç	A
B	M	W	T	T	K	Z	W	O	W	S	X	Q	H	Ç	F
C	D	T	N	E	I	B	M	A	I	D	E	M	V	J	I
N	J	B	B	T	O	P	O	G	R	A	F	I	A	Ç	A

BADIA
BALENES
INVESTIGADOR
CONSERVACIÓ
CONTINENT
AIGUA
MEDI AMBIENT
EXPEDICIÓ
GEOGRAFIA
GEL
GLACERES
ILLES
MIGRACIÓ
MINERALS
OCELLS
PENÍNSULA
ROCÓS
CIENTÍFIC
TEMPERATURA
TOPOGRAFIA

70 - Professions #2

I	L	·	L	U	S	T	R	A	D	O	R	T	D	Z	A
P	R	O	F	E	S	S	O	R	C	Z	N	N	E	I	S
W	P	C	E	I	N	V	E	N	T	O	R	V	N	F	T
L	I	N	G	Ü	I	S	T	A	F	M	U	P	T	Z	R
V	C	M	E	T	G	E	K	T	L	I	O	I	I	I	O
N	T	Ç	E	N	G	I	N	Y	E	R	F	L	S	N	N
V	À	E	A	F	O	T	Ò	G	R	A	F	O	T	V	A
P	I	N	T	O	R	J	B	O	T	C	F	T	A	E	U
Y	G	X	S	W	C	H	K	L	L	E	V	G	G	S	T
V	R	U	I	T	C	E	T	E	D	T	V	Q	E	T	A
B	U	S	D	U	M	N	L	N	F	O	S	Ò	L	I	F
B	R	D	O	G	F	F	Ç	J	K	I	Ç	U	Ò	G	O
F	I	C	I	B	I	Ò	L	E	G	L	W	Z	O	A	J
F	C	H	R	E	I	S	D	E	P	B	I	K	Z	D	Z
G	F	R	E	N	I	D	R	A	J	I	D	G	M	O	T
H	G	G	P	R	M	N	M	R	J	B	Z	S	U	R	R

ASTRONAUTA
BIBLIOTECARI
BIÒLEG
INVESTIGADOR
CIRURGIÀ
DENTISTA
DETECTIU
PROFESSOR
IL·LUSTRADOR
ENGINYER
INVENTOR
JARDINER
PERIODISTA
LINGÜISTA
METGE
PINTOR
FILÒSOF
FOTÒGRAF
PILOT
ZOÒLEG

71 - Les Abeilles

I	F	M	E	N	J	A	R	B	R	R	H	A	Z	Ç	R
I	N	R	E	S	E	L	A	R	H	W	À	F	L	T	U
O	P	Y	U	Ó	Y	O	Q	Q	A	Q	B	P	K	E	S
R	W	I	E	I	E	S	N	K	H	K	I	L	A	C	C
L	X	D	I	C	T	F	L	O	R	E	T	Z	O	O	D
X	X	H	X	I	C	A	W	E	R	L	A	R	B	S	I
Q	O	X	A	F	E	C	L	V	M	G	T	B	D	I	V
R	V	T	M	E	S	F	P	O	L	·	L	E	N	S	E
L	E	Ç	W	N	N	L	A	S	J	Y	B	F	A	T	R
S	W	I	Y	E	I	O	A	E	T	I	M	Q	H	E	S
S	W	J	N	B	G	R	X	P	Q	S	G	X	F	M	I
A	T	S	P	A	R	S	E	T	N	A	L	P	U	A	T
Y	X	X	R	S	L	A	Ç	B	R	D	C	F	M	C	A
V	C	M	P	Q	G	Ç	J	I	Ç	G	E	V	F	L	T
V	C	W	E	J	Ç	Ç	B	R	S	Q	R	R	E	R	G
J	A	R	D	Í	C	K	T	L	U	N	A	P	B	F	N

ALES
BENEFICIÓS
CERA
DIVERSITAT
EIXAM
ECOSISTEMA
FLOR
FLORS
FRUITA
FUM
HÀBITAT
INSECTE
JARDÍ
MEL
MENJAR
PLANTES
POL·LEN
REINA
RUSC
SOL

72 - Santé et Bien Être #2

M	A	L	A	L	T	I	A	E	N	E	R	G	I	A	D
M	X	K	D	S	Q	A	U	W	D	A	Ç	Q	T	Y	E
T	A	S	A	L	U	D	A	B	L	E	I	M	Y	C	S
O	N	S	L	J	C	G	E	N	È	T	I	C	A	A	H
P	I	A	S	I	O	I	H	K	P	E	S	H	R	L	I
I	M	L	L	A	S	U	Y	H	A	H	E	I	E	O	D
Y	A	Q	R	·	T	X	Y	S	F	U	R	G	C	R	R
G	T	S	I	C	L	G	M	R	T	O	T	I	U	I	A
O	I	S	D	Ç	Y	È	E	W	B	Q	S	E	P	E	T
L	V	D	Z	Z	P	P	R	X	M	D	E	N	E	S	A
I	N	F	E	C	C	I	Ó	G	S	K	M	E	R	T	C
A	N	A	T	O	M	I	A	X	I	A	B	G	A	B	I
H	Q	A	P	E	T	I	T	M	Q	A	N	W	C	C	Ó
N	U	T	R	I	C	I	Ó	Ç	J	A	K	G	I	V	B
M	E	K	K	E	O	M	G	O	Z	B	T	U	Ó	K	S
P	M	H	O	S	P	I	T	A	L	A	Z	I	I	I	H

AL·LÈRGIA
ANATOMIA
APETIT
CALORIES
COS
DESHIDRATACIÓ
ENERGIA
GENÈTICA
HOSPITAL
HIGIENE
INFECCIÓ
MALALTIA
MASSATGE
NUTRICIÓ
PES
RECUPERACIÓ
SALUDABLE
SANG
ESTRES
VITAMINA

73 - Conduite

G	T	J	G	K	F	H	H	H	W	R	P	E	F	C	C
J	N	Ç	M	A	I	V	T	Z	V	J	T	A	R	O	A
Ç	M	A	O	E	R	S	V	R	U	N	Ç	N	E	T	R
Z	C	C	T	R	O	P	S	N	A	R	T	Q	N	X	R
G	U	H	O	W	A	S	Q	F	G	O	K	A	S	E	E
C	X	M	R	V	J	B	A	G	P	E	R	I	L	L	T
C	O	M	B	U	S	T	I	B	L	E	G	C	E	J	E
H	L	B	Ó	I	M	A	C	O	P	S	H	N	N	D	R
T	R	À	N	S	I	T	I	N	D	E	E	È	Ú	M	A
N	N	V	C	A	I	I	L	N	J	G	S	C	T	O	U
E	I	A	W	G	M	C	O	R	N	U	A	I	Q	T	B
D	T	X	N	J	T	O	P	I	H	R	J	L	F	O	L
I	K	H	N	A	P	L	U	V	Q	E	J	L	I	W	S
C	Z	K	R	Ç	I	E	F	H	E	T	G	T	V	O	B
C	Ç	T	I	I	T	V	V	L	J	A	P	A	M	D	G
A	G	A	R	A	T	G	E	D	E	T	X	I	B	R	H

ACCIDENT
CAMIÓ
COMBUSTIBLE
MAPA
PERILL
FRENS
GARATGE
GAS
LLICÈNCIA
MOTOR
MOTO
VIANANT
POLICIA
CARRETERA
SEGURETAT
TRÀNSIT
TRANSPORT
TÚNEL
VELOCITAT
COTXE

74 - Plantes

A	R	O	L	F	E	F	Y	D	C	Ç	B	M	W	Z	A
B	R	W	D	C	R	É	I	X	E	R	A	O	K	O	J
R	O	R	A	T	B	A	I	A	W	H	M	L	E	Y	N
E	L	L	E	U	R	U	L	T	B	H	B	S	R	G	E
H	F	B	C	L	A	M	C	E	V	B	Ú	A	P	Í	G
P	È	T	A	L	M	F	M	G	H	O	Ç	R	G	D	T
Q	V	U	I	L	V	V	G	N	R	T	S	U	B	R	A
D	N	W	C	N	Y	A	M	O	T	À	O	E	Q	A	L
O	O	O	K	R	Z	C	S	M	N	N	Q	H	G	J	L
F	A	U	D	L	E	A	A	O	A	I	G	Ç	T	K	U
H	F	M	A	Y	E	C	V	O	I	C	P	H	U	M	F
D	Q	U	Ç	F	Y	T	L	C	H	A	S	A	D	O	B
N	N	S	Q	O	A	U	D	C	N	V	L	O	Ç	U	V
V	H	L	K	Ç	U	S	Ç	F	Z	Z	N	U	B	P	Z
V	E	G	E	T	A	C	I	Ó	E	J	F	O	Z	A	L
K	O	I	Q	V	W	C	W	X	P	O	Y	D	J	Q	P

ARBRE
BAIA
BAMBÚ
BOTÀNICA
ARBUST
CACTUS
ADOB
FULLATGE
FLOR
FLORA

BOSC
CRÉIXER
MONGETA
HERBA
JARDÍ
HEURA
MOLSA
PÈTAL
ARREL
VEGETACIÓ

75 - Ferme #2

B	A	G	W	X	M	Ç	J	N	W	U	H	U	H	P	B
G	V	P	V	X	O	F	B	O	C	B	E	J	U	Y	L
C	B	D	D	T	K	G	W	T	Q	O	V	P	Y	H	A
L	L	P	S	H	L	Z	O	R	D	I	A	X	Y	K	T
Z	A	A	F	L	A	M	A	G	R	A	N	E	R	C	D
I	T	G	G	C	A	U	O	A	N	I	M	A	L	S	E
O	E	È	V	E	R	D	U	R	A	F	K	M	Z	U	M
V	L	S	T	H	R	R	K	I	M	Ç	Y	Y	E	R	O
E	L	C	B	D	J	G	H	D	C	D	D	H	X	A	R
L	H	W	V	T	B	O	C	M	U	P	V	O	X	J	O
L	C	S	J	Y	R	F	E	M	M	D	K	C	E	N	À
A	J	Z	S	L	L	A	R	H	O	R	T	X	Y	E	W
X	G	O	A	R	W	R	C	U	Q	X	D	P	O	M	X
M	I	P	A	S	T	O	R	T	I	Y	Z	R	Y	L	Y
N	X	X	R	S	P	F	N	T	O	T	U	A	K	T	R
G	F	J	H	W	X	Ç	B	I	I	R	A	T	X	D	D

XAI
PAGÈS
ANIMALS
PASTOR
BLAT
ÀNEC
FRUITA
GRANER
REG
LLET
FLAMA
VERDURA
BLAT DE MORO
OVELLA
MENJAR
ORDI
PRAT
RUSC
TRACTOR
HORT

76 - Vacances #2

Y	G	H	T	J	Z	H	A	X	Y	P	N	N	Q	N	P
P	H	O	L	C	D	Q	X	D	L	D	M	W	J	Ç	L
N	R	T	E	G	K	K	D	T	R	O	P	O	R	E	A
T	M	E	A	S	M	E	R	R	Q	R	N	K	K	C	T
D	R	L	W	S	X	I	S	E	V	R	E	S	E	R	J
E	M	A	X	T	I	V	D	N	G	T	S	Q	J	G	A
S	A	Q	N	B	C	V	G	Y	N	N	G	E	R	J	Z
T	R	W	G	S	O	Z	Ç	C	I	A	A	P	A	M	R
I	G	U	H	E	P	R	R	X	P	R	D	R	O	O	P
N	N	R	K	C	V	O	M	M	M	U	N	F	T	Z	V
A	R	G	R	N	I	W	R	Z	À	A	E	B	B	S	C
C	Y	S	C	A	A	C	Ç	T	C	T	T	H	L	Ç	E
I	U	Z	Z	C	T	D	R	V	Ç	S	M	Y	T	D	K
Ó	R	M	G	A	G	I	I	V	B	E	G	Ç	S	S	N
T	A	X	I	V	E	E	E	L	P	R	J	L	O	B	Z
P	A	S	S	A	P	O	R	T	I	L	L	A	G	L	E

AEROPORT
CÀMPING
MAPA
DESTINACIÓ
ESTRANGER
HOTEL
ILLA
OCI
MAR
PASSAPORT
PLATJA
RESTAURANT
RESERVES
TAXI
TENDA
TREN
TRANSPORT
VACANCES
VISAT
VIATGE

77 - Éthique

C	R	S	Ó	U	T	C	E	P	S	E	R	Y	Z	V	I
O	A	T	A	T	I	R	G	E	T	N	I	I	O	K	X
M	C	M	N	V	C	O	O	P	E	R	A	C	I	Ó	O
P	I	N	I	A	I	C	N	À	R	E	L	O	T	G	P
A	O	F	M	P	O	E	M	S	I	U	R	T	L	A	T
S	N	I	D	P	Y	E	S	B	O	N	D	A	T	S	I
S	A	L	A	I	L	Y	H	A	K	G	E	S	A	W	M
I	L	O	C	T	P	S	C	E	J	A	O	R	C	H	I
Ó	I	S	Ç	H	Z	L	B	E	N	È	V	O	L	U	S
S	T	O	I	P	Y	G	O	Q	L	A	E	L	X	M	M
R	A	F	R	F	L	V	S	M	W	B	G	A	V	A	E
Q	T	I	M	Y	X	I	M	H	À	T	A	V	W	N	X
M	W	A	V	N	L	O	D	T	A	T	I	N	G	I	D
H	O	N	R	A	D	E	S	A	R	Ç	I	K	O	T	D
P	A	C	I	È	N	C	I	A	J	G	X	C	G	A	X
R	E	A	L	I	S	M	E	X	X	J	V	I	C	T	R

ALTRUISME
BENÈVOL
COMPASSIÓ
COOPERACIÓ
DIGNITAT
DIPLOMÀTIC
BONDAT
HONRADESA
HUMANITAT
INTEGRITAT
OPTIMISME
PACIÈNCIA
FILOSOFIA
RAONABLE
RACIONALITAT
RESPECTUÓS
REALISME
SAVIESA
TOLERÀNCIA
VALORS

78 - Temps

Y	K	V	A	I	D	C	M	I	G	D	I	A	J	U	K
P	Z	Z	N	Q	U	A	E	F	A	R	K	M	B	M	K
G	L	T	U	K	F	L	U	X	K	E	H	M	I	V	J
W	A	I	A	U	R	E	N	U	O	L	D	H	C	J	A
K	C	N	L	I	U	N	G	F	T	L	L	M	F	V	O
T	W	V	B	H	V	D	F	T	C	O	U	X	P	F	G
C	D	Ç	L	Z	D	A	T	N	W	T	Y	H	Ç	W	D
C	I	Ç	M	K	Q	R	I	H	A	G	H	S	D	R	T
N	F	H	F	E	W	I	Q	G	X	E	G	S	N	V	S
A	E	V	C	G	S	I	T	G	Q	Z	V	A	K	T	F
B	K	Z	S	M	O	M	I	F	E	N	V	O	H	I	G
A	N	Y	O	A	D	A	C	È	D	A	R	A	O	E	Y
F	U	T	U	R	B	M	A	T	Í	U	D	D	R	Ç	F
T	L	G	Q	L	Z	A	X	U	C	X	O	P	A	R	J
S	E	T	M	A	N	A	N	H	K	Z	M	I	N	U	T
H	S	E	G	L	E	M	R	S	É	R	P	S	E	D	U

ANY
ANUAL
DESPRÉS
ABANS
AVIAT
CALENDARI
DÈCADA
FUTUR
HORA
AHIR
RELLOTGE
DIA
ARA
MATÍ
MIGDIA
MINUT
MES
NIT
SETMANA
SEGLE

79 - Maison

H	Z	A	W	S	M	Q	N	B	D	K	T	T	E	F	G
A	L	L	U	M	O	R	S	W	U	Y	F	W	S	I	W
B	A	N	I	U	C	T	L	S	T	B	A	K	C	N	Z
I	C	Ç	Ç	H	S	Ç	E	O	X	X	C	C	O	E	B
T	N	O	V	X	G	N	R	R	A	R	F	L	M	S	À
A	A	O	R	F	X	V	T	E	R	A	P	A	B	T	T
C	T	Ç	Z	T	L	L	S	Y	L	A	H	U	R	R	I
I	S	U	E	O	I	T	O	Y	L	C	N	S	A	A	C
Ó	P	O	R	T	A	N	S	Z	A	E	C	I	T	J	V
G	C	A	T	I	F	A	E	S	R	T	J	A	R	D	Í
C	A	G	J	S	P	K	P	S	D	O	G	D	B	D	P
K	Ç	R	F	Z	N	W	I	V	E	I	Y	O	M	H	E
B	E	N	A	Q	P	M	H	O	F	L	L	A	R	I	M
I	U	R	Ç	T	P	D	O	P	O	B	D	P	K	I	I
Ç	S	V	A	F	G	T	S	A	C	I	J	B	T	X	T
Q	O	W	L	E	N	E	F	Ç	Q	B	K	E	M	C	R

ESCOMBRA
BIBLIOTECA
HABITACIÓ
LLAR DE FOC
CLAUS
TANCA
CUINA
DUTXA
FINESTRA
GARATGE
ÀTIC
JARDÍ
LLUM
MIRALL
PARET
SOSTRE
PORTA
CORTINES
SOTERRANI
CATIFA

80 - Légumes

D	J	G	Ç	S	D	C	K	V	G	K	F	C	Z	Z	U
P	T	G	V	J	A	A	D	I	N	A	M	A	X	F	Q
H	A	Y	N	U	L	A	C	S	E	P	J	R	W	T	B
P	V	S	A	H	V	Q	K	N	E	I	B	B	C	C	G
A	I	J	T	R	E	V	I	L	U	J	R	A	F	O	A
O	L	I	E	A	W	F	D	M	L	P	Ò	S	R	G	L
L	O	M	L	D	N	H	Ç	L	M	È	Q	S	A	O	B
Z	U	B	O	I	S	A	J	D	X	S	U	A	V	M	E
I	L	F	B	K	Y	O	G	E	A	O	I	W	E	B	R
C	E	B	A	F	O	X	R	A	C	L	L	A	R	R	G
V	W	T	O	M	À	Q	U	E	T	N	I	Ç	B	E	Í
Q	C	Y	Q	D	W	C	R	N	W	J	G	F	E	S	N
E	S	P	I	N	A	C	S	A	D	D	V	D	G	A	I
V	Z	W	L	A	Ç	G	K	P	I	V	Ç	X	N	X	A
P	C	P	K	S	M	D	K	Ç	D	U	L	P	I	Ç	V
I	U	S	Q	J	W	T	N	Ç	G	C	N	L	G	Ç	H

ALL
CARXOFA
ALBERGÍNIA
BRÒQUIL
PASTANAGA
API
BOLET
CARBASSA
COGOMBRE
ESCALUNYA
ESPINACS
GINGEBRE
NAP
CEBA
OLIVA
JULIVERT
PÈSOL
RAVE
AMANIDA
TOMÀQUET

81 - Famille

A	J	T	P	O	U	V	K	L	B	Z	Q	C	Ç	Ç	I
A	Q	A	L	Q	M	S	M	A	E	V	X	A	V	E	Q
S	T	S	X	L	D	A	Z	S	V	E	P	W	S	Z	R
E	J	S	M	A	R	E	R	A	P	C	U	L	V	C	N
T	F	A	A	N	N	J	W	I	Z	G	M	A	M	T	E
N	Y	P	U	R	A	A	O	V	X	R	M	V	C	Q	B
A	E	T	P	E	W	N	M	À	M	R	E	G	S	P	O
F	H	N	Q	T	O	O	H	R	B	N	B	V	H	T	T
N	O	A	S	A	Q	D	O	N	E	N	E	B	O	D	A
I	U	V	F	M	X	X	R	K	P	G	A	V	I	E	N
S	N	A	X	V	Z	J	P	A	T	E	R	N	A	B	R
H	Q	O	N	M	A	R	I	T	V	T	F	E	O	Y	Ç
U	O	N	C	L	E	L	T	I	A	Z	Y	A	Y	C	Q
L	S	E	T	H	A	V	L	Y	J	E	N	V	N	O	S
Y	U	S	P	Q	M	G	O	I	Ç	K	G	H	C	S	D
Ç	R	L	N	F	R	E	T	T	F	N	A	F	R	Í	E

AVANTPASSAT
COSÍ
INFANTESA
NEN
NENS
DONA
FILLA
GERMÀ
ÀVIA
AVI
MARIT
MATERNAL
MARE
NEBOT
NEBODA
ONCLE
PATERNA
PARE
GERMANA
TIA

82 - Oiseaux

K	C	H	V	T	A	B	H	J	B	À	C	Ç	R	S	M
P	A	Ó	R	G	A	M	J	D	M	C	N	I	T	L	L
L	B	E	H	R	B	C	B	B	C	U	Z	E	Ç	Q	E
K	C	N	E	M	A	L	F	K	Q	T	T	U	C	U	C
E	T	I	G	D	C	O	L	O	M	E	U	L	L	R	Ç
R	H	V	G	R	Z	Q	A	H	B	O	E	X	F	V	T
T	R	B	A	N	O	O	D	L	Q	R	H	D	A	C	O
S	Ç	R	A	F	E	Z	R	I	Q	W	H	S	Y	U	D
A	N	I	V	A	G	Y	A	C	D	N	A	C	N	V	P
L	A	P	M	D	A	Y	P	I	E	I	Y	A	O	O	D
L	P	W	A	J	U	B	F	C	O	B	J	U	G	R	Y
O	U	E	L	Q	J	K	K	G	B	D	V	H	I	O	B
P	E	L	I	C	À	E	B	Q	A	Z	U	F	C	L	Ç
O	U	Ç	U	R	T	S	E	C	H	H	L	D	R	L	G
V	Í	Ü	G	N	I	P	J	W	D	Q	B	J	G	Z	Ç
I	O	R	À	V	D	J	W	T	V	M	N	Ç	U	M	H

ÀGUILA
ESTRUÇ
ÀNEC
CIGONYA
CORB
CUCUT
CIGNE
FLAMENC
AGRÓ
PINGÜÍ
PARDAL
GAVINA
OU
OCA
PAÓ
LLORO
PELICÀ
COLOM
POLLASTRE
TUCÀ

83 - Disciplines Scientifiques

M	F	B	A	I	G	O	L	O	R	U	E	N	A	Z	M
E	N	O	C	S	E	C	O	L	O	G	I	A	R	K	E
C	A	T	I	J	T	M	X	T	A	H	A	R	Q	X	T
À	I	À	M	M	V	R	G	X	W	Y	C	P	U	S	E
N	G	N	Í	C	Y	P	O	A	O	E	I	A	E	Y	O
I	O	I	U	B	J	M	J	N	D	P	M	I	O	Q	R
C	L	C	Q	G	A	B	P	S	O	Ç	À	G	L	S	O
A	O	A	A	O	Z	I	Z	B	O	M	N	O	O	O	L
A	N	A	T	O	M	I	A	A	C	G	I	L	G	C	O
W	U	Z	O	O	L	O	G	I	A	E	D	A	I	I	G
V	M	B	I	O	L	O	G	I	A	O	O	R	A	O	I
H	M	U	O	Y	H	Ç	P	R	V	L	M	E	G	L	A
A	I	G	O	L	O	C	I	S	P	O	R	N	M	O	J
B	I	O	Q	U	Í	M	I	C	A	G	E	I	Q	G	G
F	I	S	I	O	L	O	G	I	A	I	T	M	F	I	S
S	H	N	M	U	B	D	R	L	C	A	I	I	T	A	F

ANATOMIA
ARQUEOLOGIA
ASTRONOMIA
BIOQUÍMICA
BIOLOGIA
BOTÀNICA
QUÍMICA
ECOLOGIA
GEOLOGIA
IMMUNOLOGIA
MECÀNICA
METEOROLOGIA
MINERALOGIA
NEUROLOGIA
FISIOLOGIA
PSICOLOGIA
SOCIOLOGIA
TERMODINÀMICA
ZOOLOGIA

84 - Maladie

N	D	X	M	V	H	L	C	I	V	B	A	F	D	G	R
Ç	E	È	J	X	V	U	R	H	C	I	L	W	H	E	E
W	M	U	B	H	X	M	Ò	Z	E	S	·	O	J	N	I
D	O	L	R	I	N	B	N	K	Q	K	L	X	X	È	R
K	R	N	A	O	L	A	I	Z	U	L	È	K	X	T	Q
E	D	A	N	P	P	R	C	R	C	X	R	J	K	I	J
H	N	L	O	G	L	A	A	U	D	Y	G	I	Ç	C	A
Z	Í	C	M	R	D	Y	T	M	V	R	I	M	U	A	C
J	S	O	L	L	P	E	U	I	V	O	E	M	J	C	O
N	O	N	U	F	J	H	U	A	A	S	S	U	P	I	S
V	C	T	P	E	Z	M	R	A	T	S	E	N	E	B	A
I	R	A	T	I	D	E	R	E	H	O	X	I	K	T	L
B	O	G	T	E	R	À	P	I	A	S	T	T	N	M	U
S	C	I	A	B	D	O	M	I	N	A	L	A	Q	T	T
W	G	Ó	I	C	A	M	A	L	F	N	I	T	D	W	S
G	L	S	R	E	S	P	I	R	A	T	O	R	I	Q	V

ABDOMINAL
AL·LÈRGIES
BENESTAR
CRÒNICA
CONTAGIÓS
COS
COR
DÈBIL
GENÈTICA
HEREDITARI
IMMUNITAT
INFLAMACIÓ
LUMBAR
NEUROPATIA
OSSOS
PULMONAR
RESPIRATORI
SALUT
SÍNDROME
TERÀPIA

85 - Univers

K	L	G	V	Ç	Y	F	M	F	S	Ò	A	H	D	E	V
W	O	I	A	H	B	Q	F	O	O	R	S	E	Z	Q	D
A	N	U	L	L	J	Q	X	S	L	B	T	M	C	U	O
I	G	M	E	J	À	A	W	C	S	I	R	I	W	A	I
B	I	O	C	M	P	X	P	O	T	T	O	S	D	D	B
G	T	N	C	D	R	R	I	R	I	A	N	F	H	O	M
U	U	Ò	M	E	Z	O	B	A	C	K	O	E	A	R	M
V	D	R	R	S	B	J	Y	Z	I	W	M	R	S	H	D
D	I	T	E	L	E	S	C	O	P	I	I	I	T	Y	Q
T	I	S	W	U	Z	M	W	B	U	P	A	S	E	P	V
W	B	A	I	G	E	F	Ç	B	J	A	Y	O	R	T	C
F	Q	U	U	B	H	O	R	I	T	Z	Ó	L	O	O	Ò
E	P	A	F	B	L	A	I	O	P	D	A	A	I	E	S
B	L	L	V	T	N	E	I	B	M	A	M	R	D	N	M
Z	O	D	Í	A	C	O	S	O	D	C	W	V	E	E	I
F	V	C	M	K	V	B	L	A	T	I	T	U	D	S	C

ASTEROIDE
ASTRÒNOM
ASTRONOMIA
AMBIENT
CEL
CÒSMIC
EQUADOR
GALÀXIA
HEMISFERI
HORITZÓ
LATITUD
LONGITUD
LLUNA
FOSCOR
ÒRBITA
SOLAR
SOLSTICI
TELESCOPI
VISIBLE
ZODÍAC

86 - Géographie

I	H	K	B	F	K	E	U	O	M	M	V	U	C	S	Y
L	W	L	A	D	I	H	V	L	A	U	T	V	I	Z	O
Q	P	N	S	I	L	L	A	Z	P	N	Ó	M	U	V	W
I	R	E	F	S	I	M	E	H	A	T	H	K	T	S	Q
S	F	R	E	O	R	R	N	I	L	A	A	C	A	L	K
G	M	Z	Z	M	O	À	J	D	F	N	L	Q	T	O	M
V	S	U	D	U	T	I	T	A	L	Y	T	T	S	V	G
C	J	B	R	C	I	D	J	O	X	A	I	O	E	S	T
D	O	H	O	F	R	I	B	D	T	Q	T	A	R	J	N
G	W	N	N	P	R	R	W	N	F	G	U	G	Ç	A	H
O	M	N	T	A	E	E	I	P	W	D	D	C	W	W	E
D	O	C	I	I	T	M	R	E	G	I	Ó	U	Y	J	W
R	P	A	Í	S	N	L	F	M	Ç	Z	F	B	Y	G	P
A	I	X	F	M	Y	E	E	O	C	E	À	X	F	P	J
M	M	U	L	Z	Q	S	N	S	E	J	G	K	E	Ç	K
V	C	R	Q	X	P	Ç	Y	T	G	J	Ç	E	X	E	E

ALTITUD
ATLES
MAPA
CONTINENT
RIU
HEMISFERI
ILLA
LATITUD
MAR
MERIDIÀ
MÓN
MUNTANYA
NORD
OCEÀ
OEST
PAÍS
REGIÓ
SUD
TERRITORI
CIUTAT

87 - Danse

E	A	H	L	B	A	Ç	K	S	E	V	A	M	C	Ç	H
M	X	S	G	R	À	C	I	A	M	I	D	T	U	C	J
T	Y	P	S	W	U	Z	H	E	O	S	Ç	M	L	I	J
I	J	T	R	A	F	T	Y	N	C	U	G	P	T	E	Ç
R	A	W	A	E	I	R	Y	M	I	A	Q	L	U	C	A
B	I	Ç	T	G	S	G	B	W	Ó	L	O	W	R	U	C
X	B	N	L	I	O	S	S	Y	M	G	E	B	A	L	A
T	V	G	A	T	C	C	I	S	S	À	L	C	L	T	D
Y	E	A	S	O	P	S	C	U	J	L	T	J	C	U	È
C	O	R	E	O	G	R	A	F	I	A	E	Y	L	R	M
M	J	U	Q	T	O	M	I	M	A	Q	A	I	K	A	I
U	Ú	T	Q	X	C	B	T	Ç	L	V	E	M	G	F	A
M	J	S	J	S	M	S	T	N	E	M	I	V	O	M	R
F	C	O	I	C	A	O	X	F	G	J	R	J	W	M	Y
T	G	P	S	C	G	C	X	P	R	Z	B	D	B	S	M
J	G	M	C	Z	A	I	A	Ç	E	U	A	S	N	C	Z

ACADÈMIA
ART
COREOGRAFIA
CLÀSSIC
COS
CULTURA
CULTURAL
EXPRESSIU
EMOCIÓ
GRÀCIA
ALEGRE
MOVIMENT
MÚSICA
SOCI
POSTURA
ASSAIG
RITME
SALTAR
VISUAL

88 - Bâtiments

C	E	O	B	S	E	R	V	A	T	O	R	I	L	L	B
I	S	T	Z	J	E	F	À	B	R	I	C	A	Z	U	S
N	T	N	E	M	A	T	R	A	P	A	D	N	E	T	C
E	A	R	I	X	N	A	T	E	A	T	R	E	Z	Q	G
M	D	Y	L	C	I	T	A	M	B	A	I	X	A	D	A
A	I	Z	S	O	B	I	R	O	T	A	R	O	B	A	L
D	G	P	S	L	A	S	N	G	T	O	R	R	E	G	O
G	I	U	F	V	C	R	E	N	A	R	G	L	F	K	C
H	Y	W	U	A	F	E	U	V	Y	R	E	S	M	R	S
R	O	Z	Z	C	U	V	T	Y	H	F	A	Ç	I	H	E
D	R	S	I	K	X	I	E	J	E	M	C	T	R	W	J
G	Z	Ç	P	H	S	N	S	Z	W	G	U	Z	G	Y	S
P	X	C	T	I	O	U	Y	V	N	Z	Y	S	R	E	E
D	M	P	A	Z	T	C	A	S	T	E	L	L	E	H	E
A	Z	E	U	Z	T	A	C	R	E	M	R	E	P	U	S
S	T	S	E	F	I	L	L	E	T	O	H	F	B	U	U

AMBAIXADA
APARTAMENT
CABINA
CASTELL
CINEMA
ESCOLA
GARATGE
GRANER
HOSPITAL
HOTEL
LABORATORI
MUSEU
OBSERVATORI
ESTADI
SUPERMERCAT
TENDA
TEATRE
TORRE
UNIVERSITAT
FÀBRICA

89 - Activités et Loisirs

V	C	B	J	A	R	D	I	N	E	R	I	A	P	Y	D
I	P	J	U	P	C	K	B	O	Y	H	J	B	I	U	T
A	Ç	R	P	S	I	N	N	E	T	D	N	M	N	S	M
T	Ç	D	R	A	S	I	W	G	K	C	O	D	T	E	G
G	T	T	U	W	U	E	C	U	R	S	E	S	U	N	O
E	R	G	D	O	T	X	I	M	Y	N	F	L	R	D	L
G	L	S	Z	A	V	H	U	G	W	D	A	I	A	E	F
M	Y	W	V	D	L	O	B	S	I	E	B	R	H	R	N
K	E	D	R	Ç	X	Z	L	O	B	T	U	F	T	I	G
G	Ç	Ç	T	K	S	L	F	E	E	L	W	R	B	S	P
N	A	T	A	C	I	Ó	Ç	X	I	O	N	U	R	M	E
I	X	A	F	I	C	I	O	N	S	B	U	S	R	E	S
P	O	O	V	R	Ç	S	L	Z	Y	K	O	Y	I	T	C
M	B	Ç	Q	O	J	E	T	N	A	X	A	L	E	R	A
À	M	D	A	V	Ç	B	B	À	S	Q	U	E	T	J	R
C	L	V	I	V	O	E	T	P	Ç	N	T	X	Y	A	M

ART
BEISBOL
BÀSQUET
BOXA
CÀMPING
CURSES
FUTBOL
GOLF
JARDINERIA
NATACIÓ
AFICIONS
PINTURA
PESCAR
BUSSEIG
SENDERISME
RELAXANT
SURF
TENNIS
VOLEIBOL
VIATGE

90 - Livres

N	T	R	À	G	I	C	F	Ç	J	E	E	K	O	F	C
C	A	M	E	O	P	L	T	U	T	B	R	L	D	P	O
Z	E	R	N	O	V	E	L	·	L	A	D	J	Z	N	L
F	E	I	R	È	S	A	P	Ç	G	I	L	X	W	E	·
G	M	D	O	A	P	A	O	C	O	N	T	E	X	T	L
L	A	J	T	K	D	W	G	P	N	P	G	L	T	N	E
A	R	Y	U	C	Ç	O	C	P	F	P	À	O	E	X	C
V	U	K	A	P	S	K	R	W	S	F	F	G	C	V	C
I	T	V	R	O	T	C	E	L	Y	R	P	N	I	Z	I
T	N	A	V	E	L	L	E	R	T	O	Y	W	R	N	Ó
N	E	J	T	S	È	P	I	C	A	U	K	I	Ò	P	A
E	V	H	C	I	T	S	Í	R	O	M	U	H	T	O	D
V	A	G	G	A	L	I	T	E	R	A	R	I	S	C	S
N	E	Ç	Ç	Y	J	A	H	I	S	T	Ò	R	I	A	I
I	A	W	Z	B	J	V	U	G	V	Y	X	F	H	Q	W
X	Z	N	C	D	F	Q	V	D	I	S	H	B	B	T	U

AUTOR
AVENTURA
COL·LECCIÓ
CONTEXT
DUALITAT
ÈPICA
HISTÒRIA
HISTÒRIC
HUMORÍSTIC
INVENTIVA
LECTOR
LITERARI
NARRADOR
PÀGINA
RELLEVANT
POEMA
POESIA
NOVEL·LA
SÈRIE
TRÀGIC

91 - Pays #2

K	I	S	Ç	H	N	W	A	C	I	A	M	A	J	E	T
H	E	A	X	K	B	N	I	L	I	O	K	B	O	K	L
L	Q	N	E	T	B	Ç	L	H	B	Ç	X	U	H	O	A
S	Í	C	Y	D	J	B	À	D	F	À	S	F	Q	D	O
S	V	B	Y	A	A	J	M	C	A	D	N	A	G	U	S
C	A	N	A	X	X	O	O	Ç	F	E	A	I	M	M	S
E	Ç	E	I	N	W	B	S	N	Z	Í	T	I	A	H	Z
U	Ç	K	S	A	N	Ï	A	R	C	U	S	V	I	A	H
V	M	Y	È	D	J	Y	J	D	G	O	I	M	S	Ç	U
J	Z	U	N	U	A	Ç	N	A	R	F	K	È	S	L	W
Q	I	S	O	S	P	O	A	R	I	P	A	X	Ú	S	U
Ç	I	X	D	Í	Ó	E	S	C	I	X	P	I	R	X	Z
R	B	H	N	R	B	Ç	O	I	Q	A	Ç	C	S	I	D
O	R	Y	I	I	D	I	N	A	M	A	R	C	A	N	Y
J	L	O	W	A	D	N	A	L	R	I	S	A	K	A	L
V	Y	B	Ç	M	M	Ç	R	V	H	T	J	K	Ç	Q	A

ALBÀNIA
XINA
DINAMARCA
FRANÇA
HAITÍ
INDONÈSIA
IRLANDA
JAMAICA
JAPÓ
KENYA
LAOS
LÍBAN
MÈXIC
UGANDA
PAKISTAN
RÚSSIA
SOMÀLIA
SUDAN
SÍRIA
UCRAÏNA

92 - Jazz

C	W	U	K	B	P	G	Ç	E	V	O	Z	V	I	C	I
C	O	U	G	K	H	S	T	F	E	T	C	T	L	H	M
D	O	M	G	W	Ç	R	S	S	V	N	R	I	E	S	P
W	Q	U	P	Q	J	R	U	Ó	O	E	A	U	S	M	R
T	C	B	G	O	J	J	W	M	D	L	L	R	T	M	O
E	Y	L	È	R	S	U	B	A	C	A	O	Q	I	Z	V
D	A	À	N	P	F	I	X	F	Z	T	X	O	L	Y	I
W	R	A	E	U	D	J	T	A	R	T	I	S	T	A	S
S	T	I	R	O	V	A	F	O	R	I	T	M	E	E	A
D	S	R	E	N	C	E	G	F	R	C	A	N	Ç	Ó	C
O	E	C	E	A	C	O	M	P	O	S	I	C	I	Ó	I
F	U	W	A	C	Y	A	K	A	P	A	P	G	F	F	Ó
J	Q	I	F	I	N	T	È	C	N	I	C	A	W	L	M
E	R	K	Ç	S	R	O	B	M	A	T	A	O	Y	H	Z
U	O	Z	C	Ú	S	U	C	B	F	T	D	M	Z	X	K
Ç	E	Z	U	M	U	Z	V	E	L	L	Q	H	L	N	E

ÀLBUM
ARTISTA
FAMÓS
CANÇÓ
COMPOSITOR
COMPOSICIÓ
CONCERT
FAVORITS
GÈNERE
IMPROVISACIÓ
MÚSICA
NOU
ORQUESTRA
RITME
SOLO
ESTIL
TALENT
TAMBORS
TÈCNICA
VELL

93 - Paysages

P	L	A	T	J	A	Z	R	T	U	R	Ó	M	Q	T	R
N	B	M	Y	L	O	J	P	R	C	E	A	V	O	C	I
M	U	N	T	A	N	Y	A	E	A	S	S	M	S	V	U
C	E	X	Q	L	F	N	R	S	S	I	S	A	O	N	I
H	P	H	E	L	U	U	D	E	C	È	Y	F	P	D	Y
V	F	M	A	I	N	W	N	D	A	U	C	K	X	H	M
E	S	T	U	A	R	I	U	A	D	G	V	O	L	C	À
P	L	K	H	J	P	V	T	S	A	D	H	D	I	C	L
I	A	K	H	S	T	E	B	G	L	A	C	E	R	A	L
C	M	N	O	H	G	Ç	N	J	N	R	H	E	S	Q	A
E	X	E	T	D	G	D	P	Í	G	S	Z	M	F	G	C
B	D	F	G	À	A	U	P	V	N	Z	Y	O	U	T	W
E	Y	E	W	X	B	V	A	L	L	S	X	H	A	H	I
R	P	L	U	G	D	T	Ç	D	A	H	U	L	X	Z	P
G	P	X	O	V	O	Z	T	D	L	G	U	L	Z	E	F
R	L	K	G	F	Ç	C	J	W	K	O	F	P	A	W	U

CASCADA
TURÓ
DESERT
ESTUARI
RIU
GUÈISER
GLACERA
COVA
ICEBERG
ILLA
LLAC
PANTÀ
MAR
MUNTANYA
OASI
PENÍNSULA
PLATJA
TUNDRA
VALL
VOLCÀ

94 - Pays #1

M	G	C	J	E	X	W	Z	E	F	À	M	A	N	A	P
F	A	U	G	A	R	A	C	I	N	V	A	R	N	Y	A
T	I	R	T	Y	R	I	Ç	Q	G	E	F	G	O	N	I
S	D	N	R	O	U	B	K	I	B	N	G	E	R	A	G
C	N	E	L	O	Y	Í	B	S	B	E	A	N	U	M	B
L	Í	V	Q	À	C	L	W	R	R	Ç	N	T	E	E	C
A	P	W	O	U	N	I	W	A	A	U	I	I	G	L	I
U	O	E	W	T	A	D	O	E	S	E	S	N	A	A	U
C	A	N	A	D	À	D	I	L	I	L	T	A	F	M	T
R	M	A	L	I	U	Q	O	A	L	A	A	C	K	L	C
O	E	O	M	N	Q	J	R	R	Z	D	N	A	C	T	Ç
M	F	I	L	I	P	I	N	E	S	R	C	Ç	E	A	X
A	W	E	W	E	F	E	I	N	R	Q	E	K	I	L	V
N	Ç	A	Y	X	E	M	V	L	R	T	J	Ç	I	Q	A
I	C	S	C	P	L	X	R	M	P	O	L	Ò	N	I	A
A	E	S	P	A	N	Y	A	B	K	Ç	P	A	T	P	T

AFGANISTAN
ALEMANYA
ARGENTINA
BRASIL
CANADÀ
ESPANYA
EQUADOR
FINLÀNDIA
ÍNDIA
ISRAEL
LÍBIA
MALI
MARROC
NICARAGUA
NORUEGA
PANAMÀ
FILIPINES
POLÒNIA
ROMANIA
VENEÇUELA

95 - Nombres

Q	J	S	G	V	L	C	D	P	P	Y	Ç	E	J	D	K
W	U	M	H	W	A	U	O	P	B	T	E	S	M	I	B
E	E	A	L	G	M	M	T	I	U	V	R	K	S	N	H
Z	D	W	T	N	I	V	Z	P	X	V	A	E	L	O	D
I	Z	H	I	R	C	P	E	Z	N	I	U	Q	S	U	I
T	J	S	U	Ç	E	C	Z	W	F	E	T	O	O	W	S
F	A	H	V	I	D	B	R	V	Y	A	W	T	D	Q	S
S	A	X	I	I	Z	F	O	R	E	Z	S	K	X	X	E
I	T	Y	D	A	R	Ç	T	C	X	B	I	E	E	S	T
D	R	E	P	Y	M	M	A	H	C	O	S	G	T	M	H
H	E	I	G	I	R	W	C	N	I	C	K	T	W	Z	S
R	T	Y	H	H	A	B	B	S	L	B	Ç	J	L	S	E
V	Z	I	B	Y	A	U	R	R	B	N	C	N	O	U	Z
T	E	J	X	U	J	P	B	M	W	E	C	R	M	R	O
I	H	F	M	G	D	Z	W	P	L	A	T	P	A	A	S
O	F	I	E	K	F	F	K	S	C	G	B	H	T	T	X

CINC
DOS
DECIMAL
DEU
DIVUIT
DINOU
DISSET
DOTZE
VUIT
NOU
CATORZE
QUATRE
QUINZE
SETZE
SET
SIS
TRETZE
TRES
VINT
ZERO

96 - Psychologie

B	C	I	N	Í	L	C	W	X	P	P	W	W	E	S	B
N	S	O	Y	S	Y	V	S	E	R	E	T	I	X	U	Z
B	E	O	M	T	M	V	J	A	O	R	N	N	P	B	A
Ç	E	Z	M	P	Q	D	A	S	B	C	E	F	E	C	N
D	D	S	T	N	O	K	W	Z	L	E	I	A	R	O	O
K	I	Y	I	R	I	R	R	L	E	P	C	N	I	N	C
A	Z	T	B	X	E	S	T	N	M	C	S	T	È	S	H
Ó	I	C	A	U	L	A	V	A	A	I	N	E	N	C	E
C	C	V	C	Ó	Ç	D	L	T	M	Ó	O	S	C	I	M
E	Q	T	Z	I	R	W	C	I	A	E	C	A	I	E	O
N	W	Q	P	C	S	L	N	C	T	L	N	V	E	N	C
P	E	N	S	A	M	E	N	T	S	A	I	T	S	T	I
C	Q	C	K	S	W	Q	Q	E	Y	U	T	O	P	O	O
N	C	N	R	N	L	F	Z	C	F	S	E	G	O	S	N
C	F	Z	N	E	C	O	N	F	L	I	C	T	E	M	S
N	Q	J	J	S	Z	I	N	D	T	E	R	À	P	I	A

CLÍNIC
COMPORTAMENT
CONFLICTE
EGO
INFANTESA
EXPERIÈNCIES
EMOCIONS
AVALUACIÓ
IDEES
INCONSCIENT
PENSAMENTS
PERCEPCIÓ
PROBLEMA
CITA
REALITAT
SOMNIS
SENSACIÓ
SUBCONSCIENT
TERÀPIA

97 - Nature

T	I	Q	N	V	M	R	N	R	G	O	T	K	Ç	W	A
S	R	V	H	X	F	E	G	T	A	V	L	A	S	Y	N
C	S	O	B	J	J	F	D	I	N	À	M	I	C	W	I
H	E	A	P	I	I	U	G	J	P	V	F	P	L	R	M
B	S	D	N	I	Z	G	U	Ç	A	P	K	W	I	B	A
U	B	J	F	T	C	I	J	Z	C	E	Y	A	I	E	L
A	E	T	I	W	U	A	K	A	Í	T	K	H	I	H	S
B	L	A	T	I	V	A	L	Z	F	S	P	J	A	O	W
E	L	W	N	T	X	O	R	J	I	Z	E	D	B	O	E
L	E	Q	Ú	Ç	È	H	U	I	C	H	M	R	O	C	R
L	S	N	V	À	R	T	I	C	Ç	Y	X	O	I	N	I
E	A	Z	O	N	E	A	R	E	C	A	L	G	R	D	N
S	N	P	L	J	S	G	E	E	Y	Y	S	F	A	J	N
Ç	E	S	S	F	V	M	Ó	I	S	O	R	E	G	W	Ç
F	U	L	L	A	T	G	E	C	M	E	V	U	K	C	G
J	S	B	Ç	O	U	G	N	T	P	E	D	B	K	G	K

ABELLES
REFUGI
ANIMALS
ÀRTIC
BELLESA
BOIRA
DESERT
DINÀMIC
EROSIÓ
FULLATGE
RIU
BOSC
GLACERA
NÚVOLS
PACÍFIC
SANTUARI
SALVATGE
SERÈ
TROPICAL
VITAL

98 - Chimie

W	V	U	S	E	P	S	N	Q	X	G	N	O	H	T	L
M	M	X	C	N	K	G	R	Z	Ç	A	U	X	I	E	H
L	H	Q	W	Z	N	O	J	T	L	S	C	I	D	M	I
G	P	M	J	I	N	O	B	R	A	C	L	G	R	P	Ó
R	A	W	O	M	L	M	E	O	S	F	E	E	O	E	R
Y	J	P	R	L	P	E	R	L	F	T	A	N	G	R	T
Z	Z	Y	G	B	È	K	F	C	Ç	W	R	Y	E	A	C
I	Y	M	N	R	N	C	Ç	A	H	X	T	S	N	T	E
T	C	B	Z	Y	K	O	U	S	L	S	F	K	D	U	L
M	Q	W	Ç	S	G	R	O	L	A	C	P	Y	I	R	E
T	P	Z	P	S	N	Z	U	L	A	P	A	Z	U	A	I
C	A	T	A	L	I	T	Z	A	D	O	R	L	Q	O	L
U	Ç	X	F	H	B	S	J	T	I	W	V	P	Í	P	W
K	I	P	Ç	K	S	K	S	E	C	Y	D	Z	L	O	Z
D	V	A	M	X	U	A	N	M	À	V	S	L	I	N	Z
A	T	Ò	M	I	C	D	L	Z	H	E	T	C	D	W	S

ÀCID
ALCALÍ
ATÒMIC
CARBONI
CATALITZADOR
CALOR
CLOR
ENZIM
ELECTRÓ
GAS
HIDROGEN
IÓ
LÍQUID
METALLS
MOLÈCULA
NUCLEAR
OXIGEN
PES
SAL
TEMPERATURA

99 - Bateaux

S	V	U	N	C	C	G	T	Y	Ç	G	H	M	V	B	P
K	Ç	C	Q	T	X	A	U	L	O	A	O	R	R	T	U
W	U	U	R	E	L	E	V	K	N	B	H	Q	J	A	G
M	U	O	J	I	Y	W	J	W	Z	S	A	C	F	I	W
Q	L	A	U	U	U	J	O	O	H	B	B	L	K	T	B
H	P	P	T	E	H	A	Y	A	I	O	F	Z	R	R	P
G	W	Ç	W	H	N	X	G	B	Q	Q	E	N	Q	I	Ç
I	U	C	B	B	À	S	O	O	J	A	R	C	M	P	F
W	M	A	R	I	N	E	R	I	R	G	R	A	W	U	Z
B	Y	E	V	H	M	N	C	A	L	L	I	N	I	L	E
N	H	R	H	B	A	O	I	O	X	A	X	O	F	A	L
B	S	A	Q	O	R	M	T	O	I	D	P	A	V	C	Z
M	K	M	Ç	T	G	O	U	H	M	R	T	M	X	I	O
À	N	C	O	R	A	T	À	J	G	O	H	Z	Z	Ó	Ç
S	Ç	G	Z	Y	P	O	N	W	Q	C	A	I	A	C	Y
F	L	F	E	V	Q	R	I	I	B	A	S	S	A	X	J

ÀNCORA
BOIA
CANOA
CORDA
TRIPULACIÓ
FERRI
RIU
CAIAC
LLAC
MAREA
MARINER
PAL
MAR
MOTOR
NÀUTIC
OCEÀ
BASSA
ONES
VELER
IOT

100 - Mesures

M	Y	R	C	G	N	J	M	O	I	R	C	R	N	E	P
Ç	A	Ç	N	U	T	A	T	I	D	N	U	F	O	R	P
R	D	S	D	J	N	U	G	Z	N	N	H	M	J	T	V
K	A	F	S	E	K	F	E	P	L	U	G	J	D	E	W
V	L	L	W	A	Z	T	A	P	E	S	T	A	K	M	P
A	P	P	O	L	Z	A	D	A	R	K	P	F	G	Í	V
D	M	J	C	B	Ç	J	Z	Q	T	I	D	H	Q	T	B
A	A	G	C	A	F	D	G	Z	E	W	O	T	Q	N	M
G	R	A	M	G	W	V	E	H	M	V	O	Y	U	E	W
R	J	O	Ç	D	Q	V	A	C	X	W	F	M	I	C	C
A	Y	E	R	T	E	M	Ò	L	I	U	Q	V	L	T	Ç
L	U	T	O	N	A	W	Y	B	D	M	E	Q	O	U	T
L	A	L	T	U	R	A	G	F	B	U	A	R	G	B	U
X	M	M	Ç	G	M	H	U	P	H	L	U	L	R	Ç	Y
P	B	Y	T	E	R	T	I	L	R	O	A	G	A	V	Y
J	I	M	Ç	B	E	V	Q	Y	L	V	B	S	M	O	M

CENTÍMETRE
GRAU
DECIMAL
GRAM
ALTURA
QUILOGRAM
QUILÒMETRE
AMPLADA
LITRE
LLARGADA
MASSA
METRE
MINUT
BYTE
UNÇA
PES
POLZADA
PROFUNDITAT
TONA
VOLUM

1 - Adjectifs #2

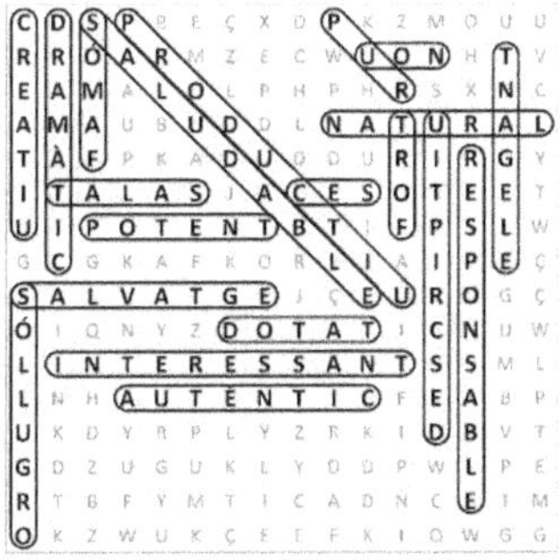

2 - Formes

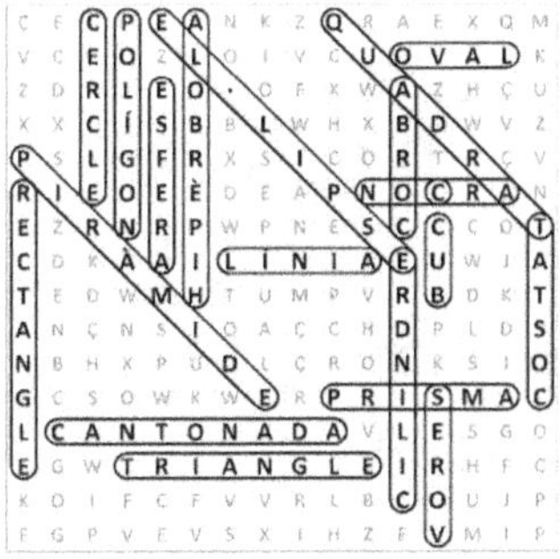

3 - Force et Gravité

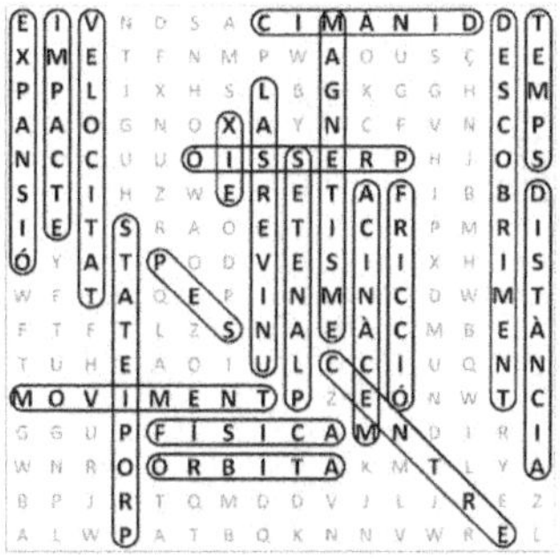

4 - Adjectifs #1

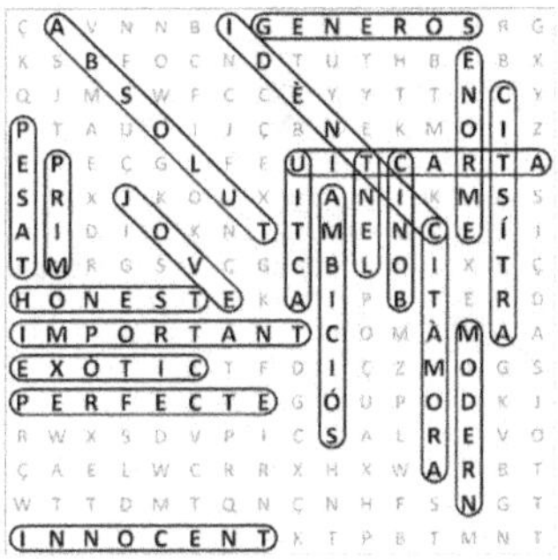

5 - Instruments de Musique

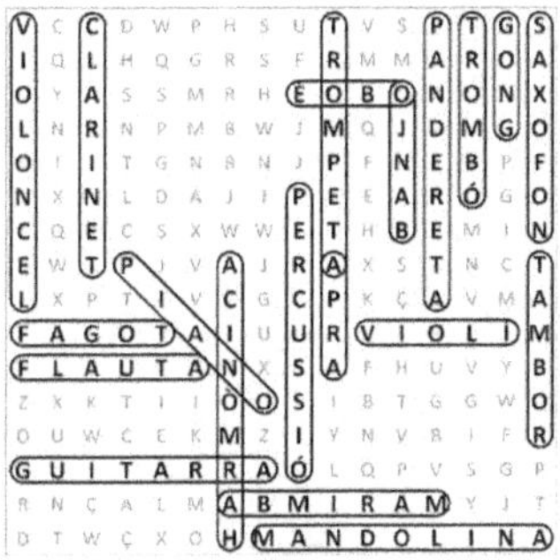

6 - Herboristerie

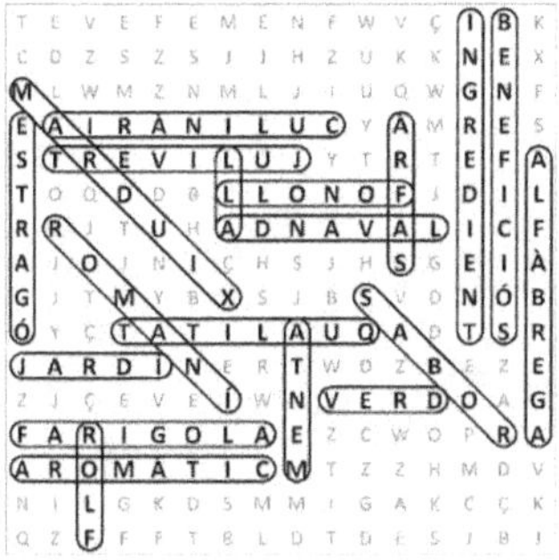

7 - Véhicules

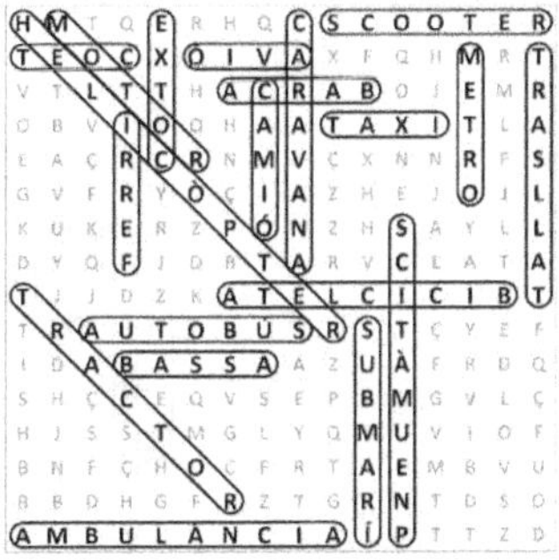

8 - Camping

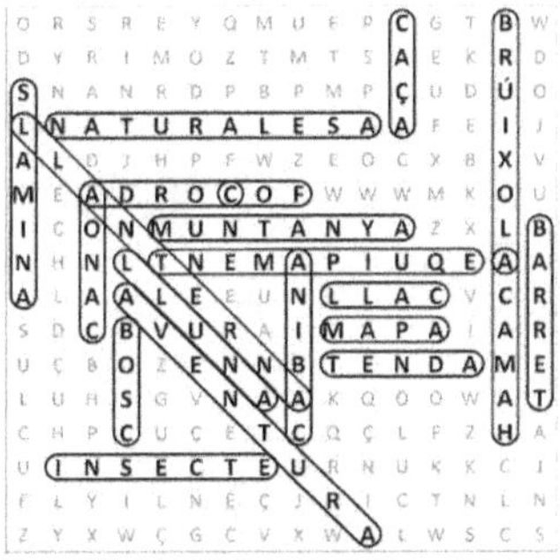

9 - Écologie

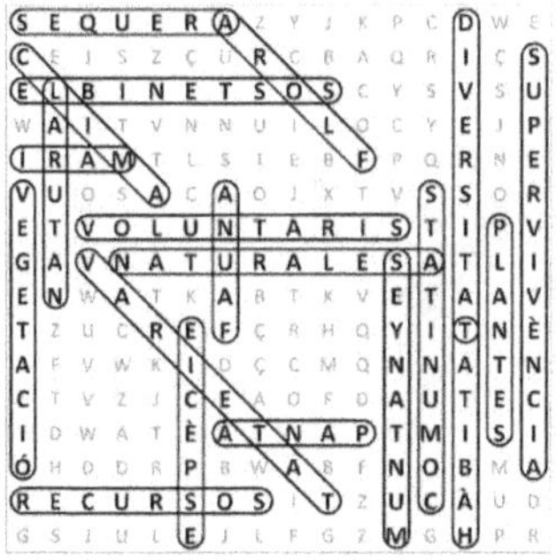

10 - Géométrie

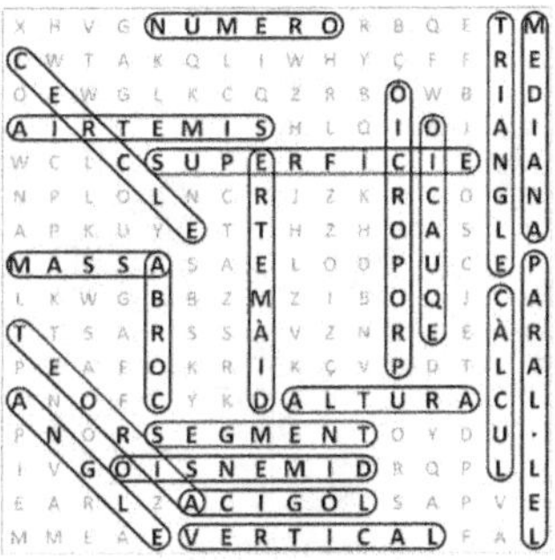

11 - Les Médias

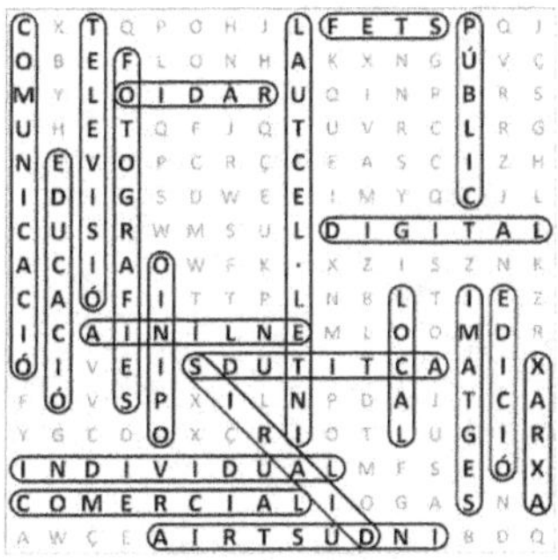

12 - Philanthropie

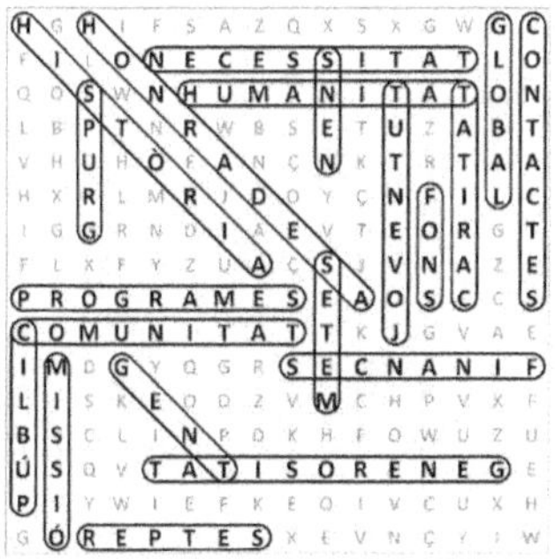

13 - Diplomatie

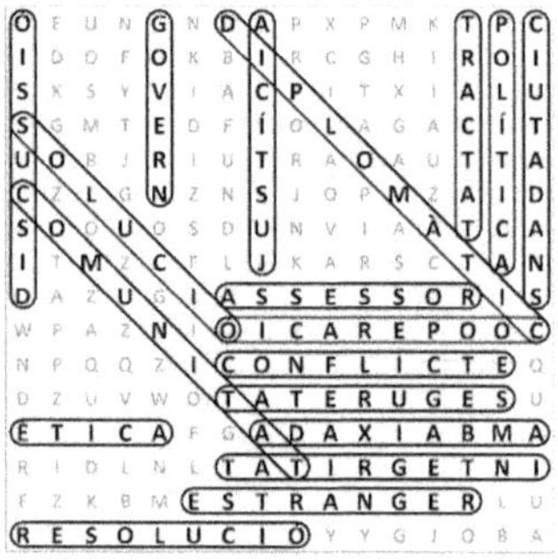

14 - Astronomie

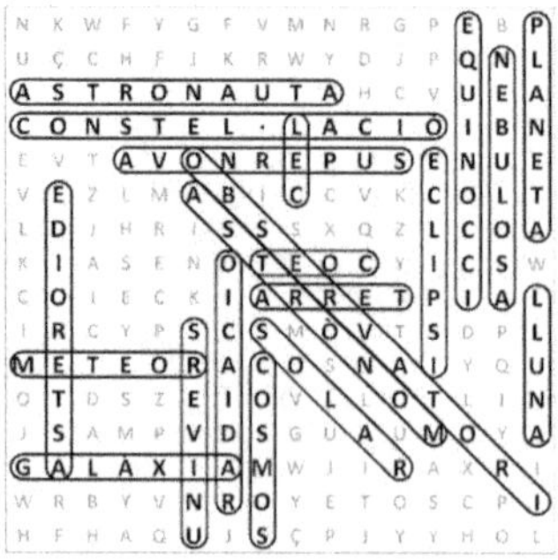

15 - Physique

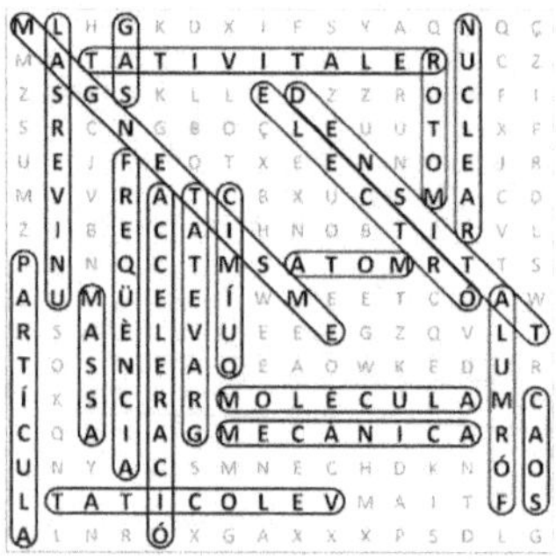

16 - Types de Cheveux

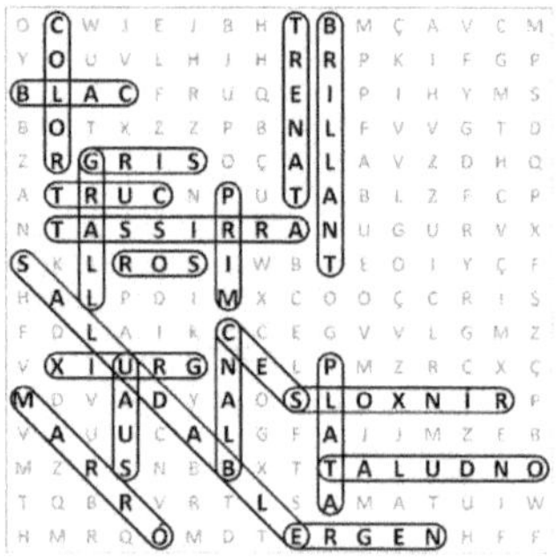

17 - Archéologie

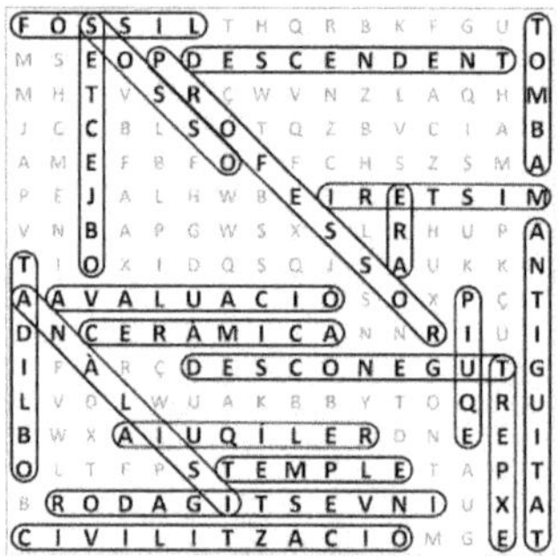

18 - Mammifères

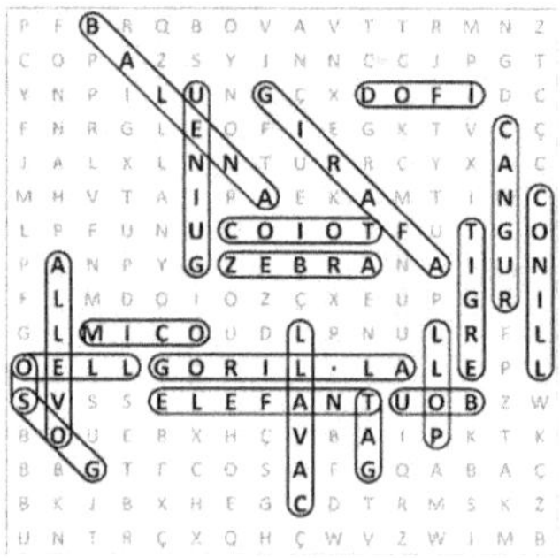

19 - Chocolat

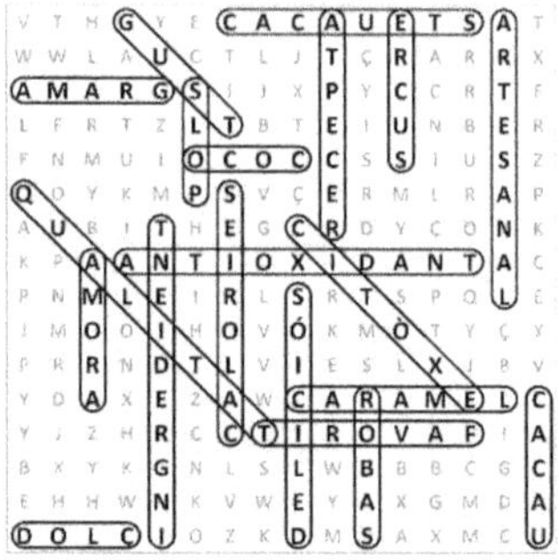

20 - Mathématiques

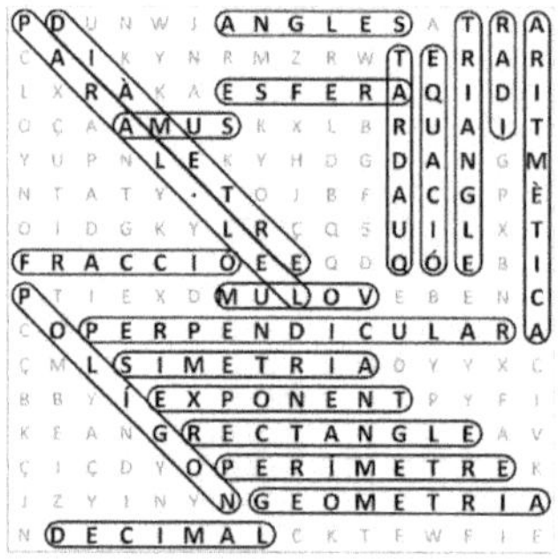

21 - Sport

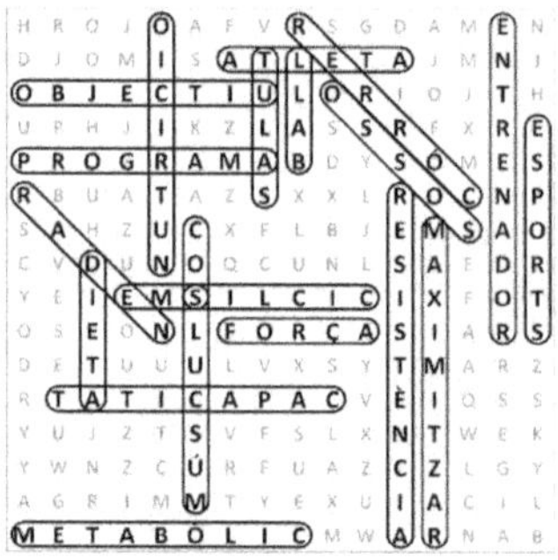

22 - Mythologie

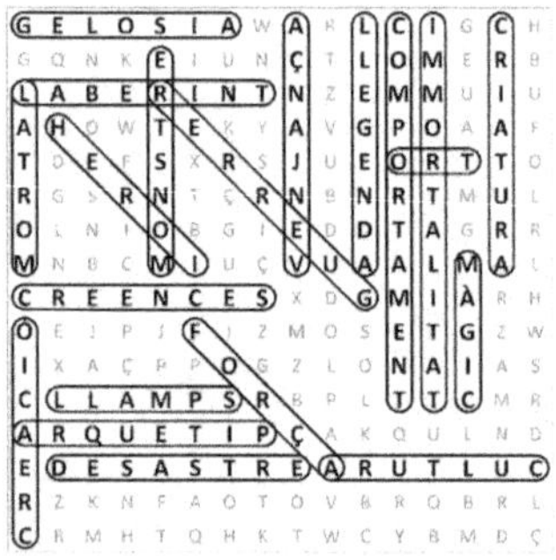

23 - Restaurant #2

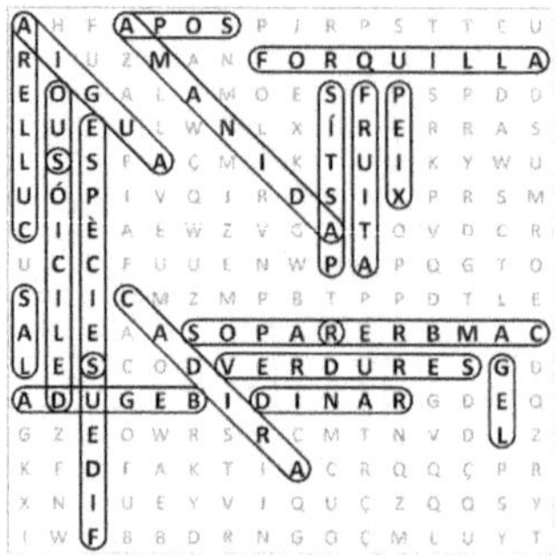

24 - Beauté

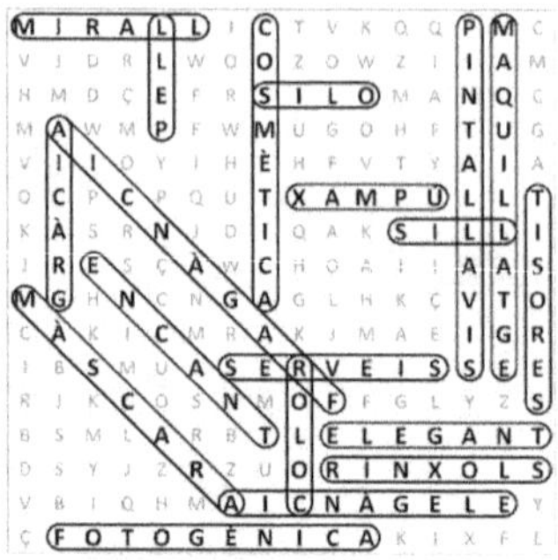

25 - Avions

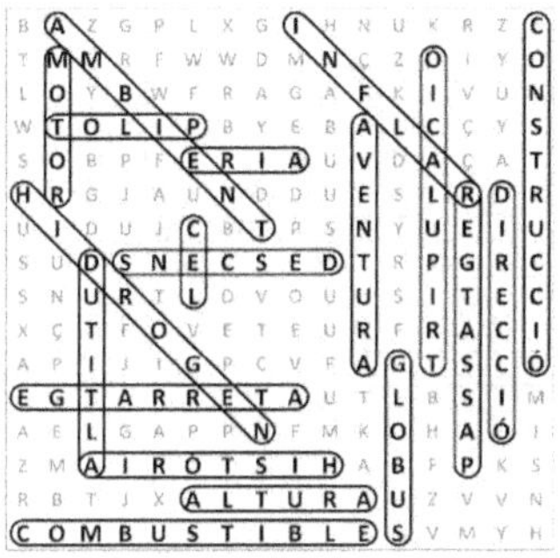

26 - Aventure

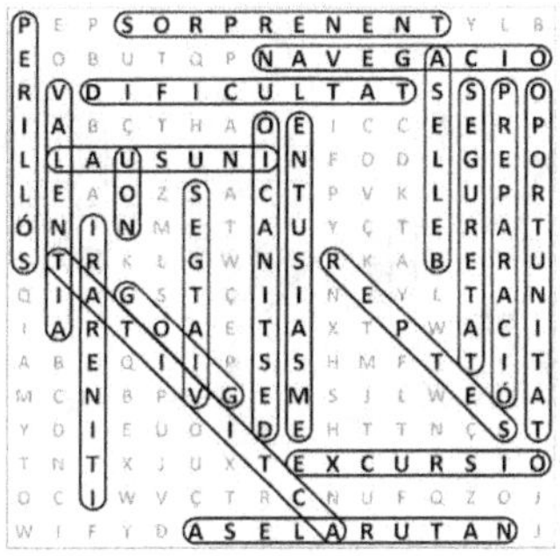

27 - Ville

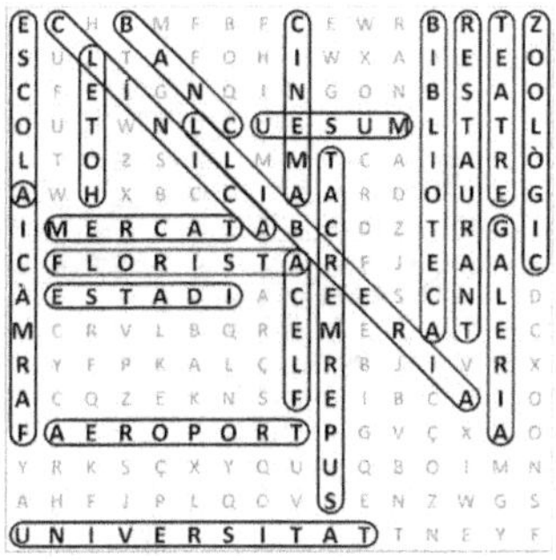

28 - Ingénierie

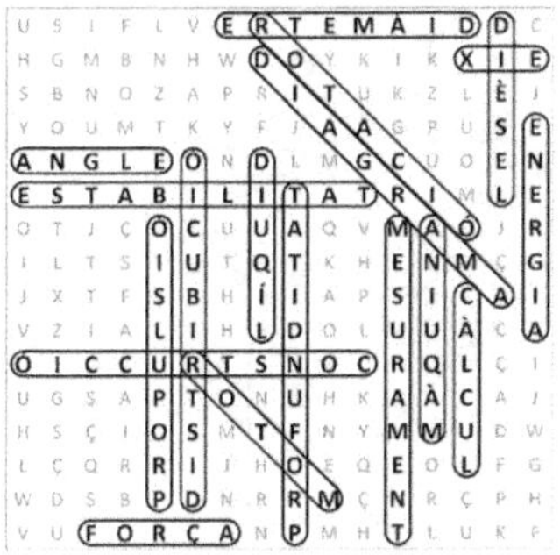

29 - Énergie

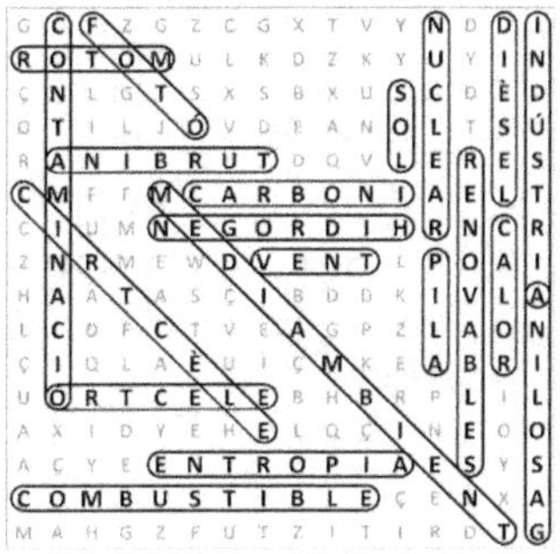

30 - Cuisine

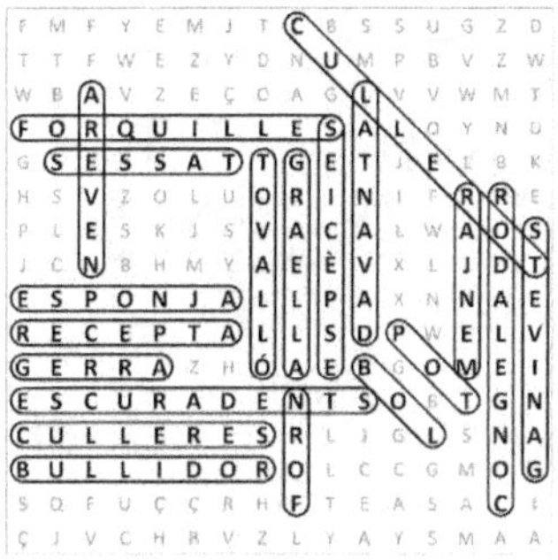

31 - Corps Humain

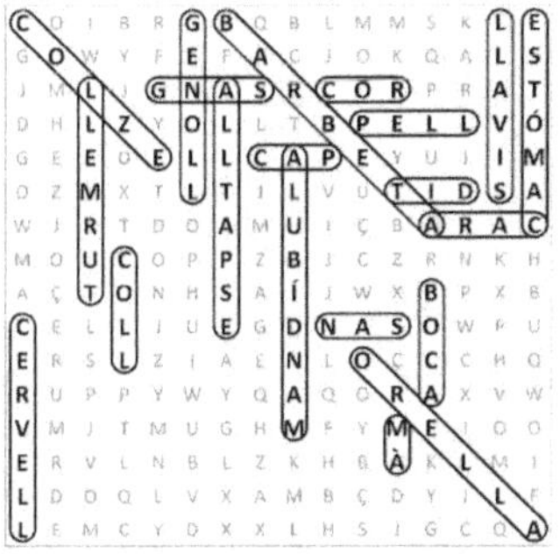

32 - Biologie

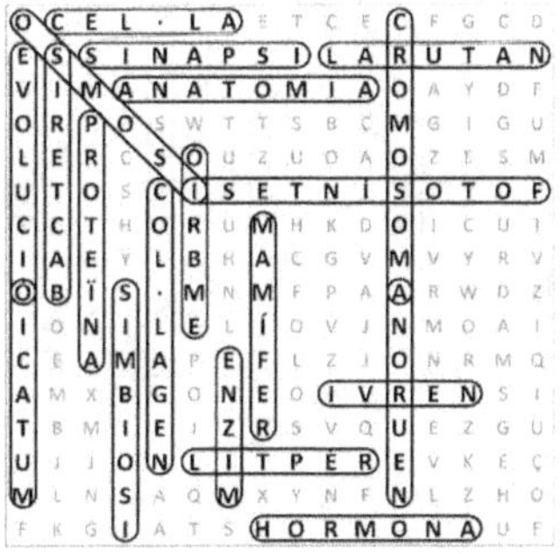

33 - Épices

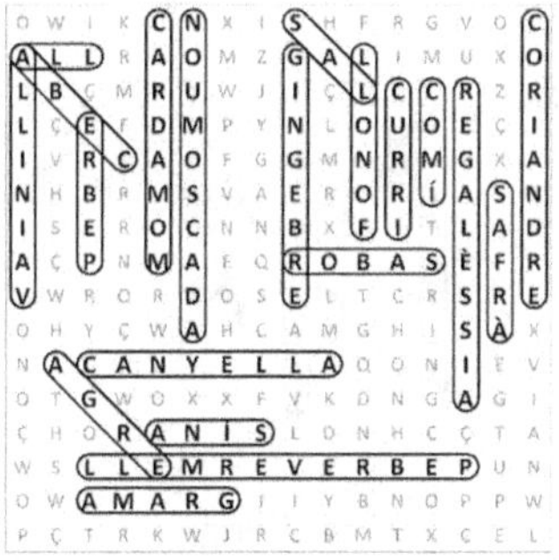

34 - Agronomie

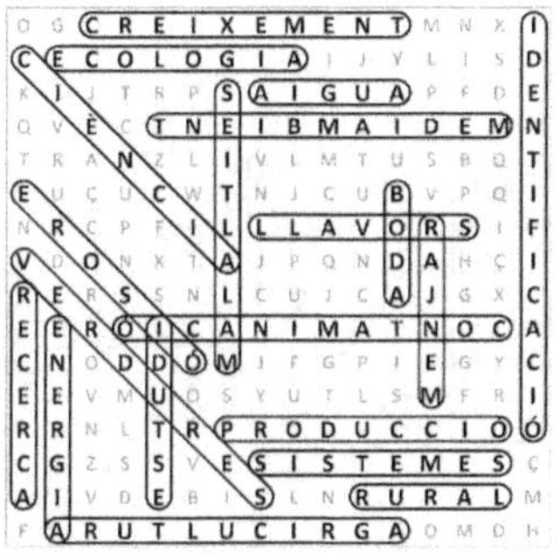

35 - Science

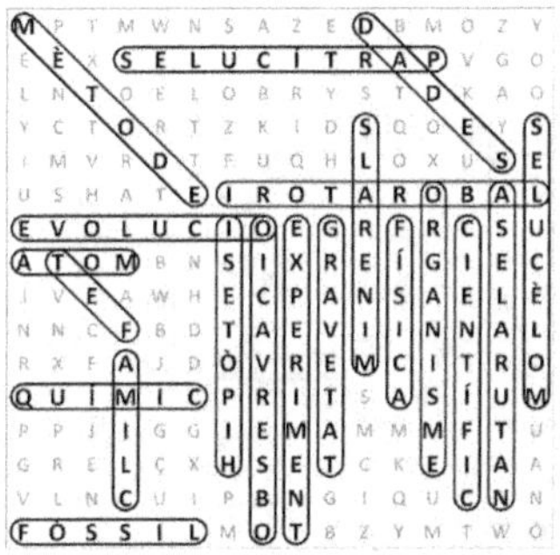

36 - Vêtements

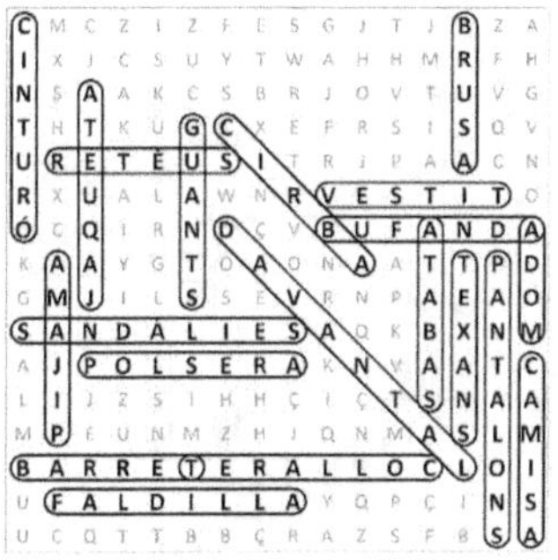

37 - Méditation

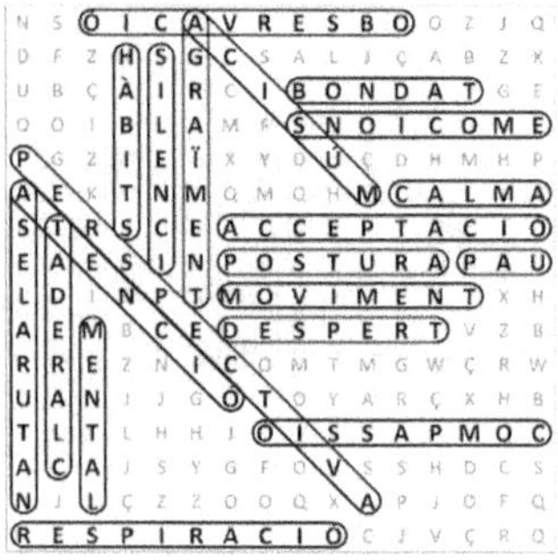

38 - Littérature

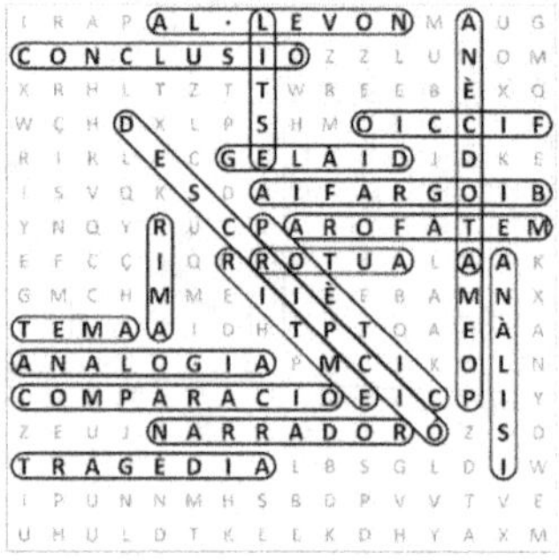

39 - Nourriture #1

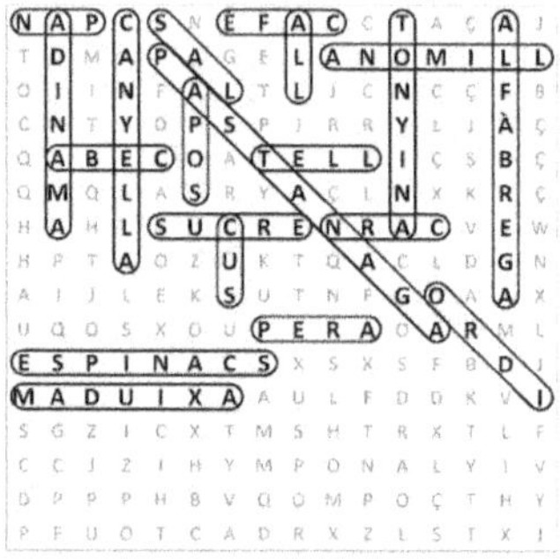

40 - Jours et Mois

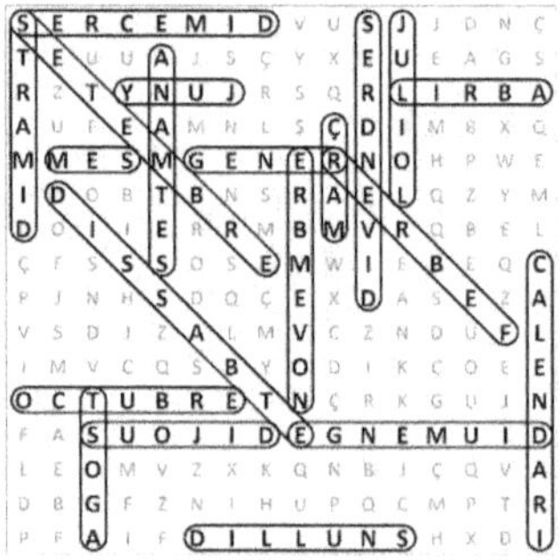

41 - Jardinage

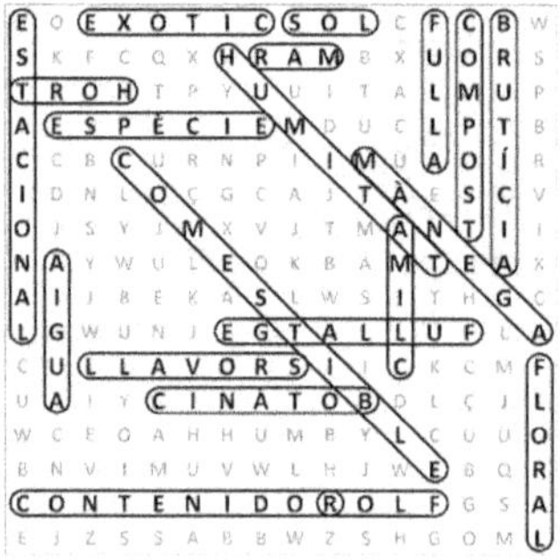

42 - Entreprise

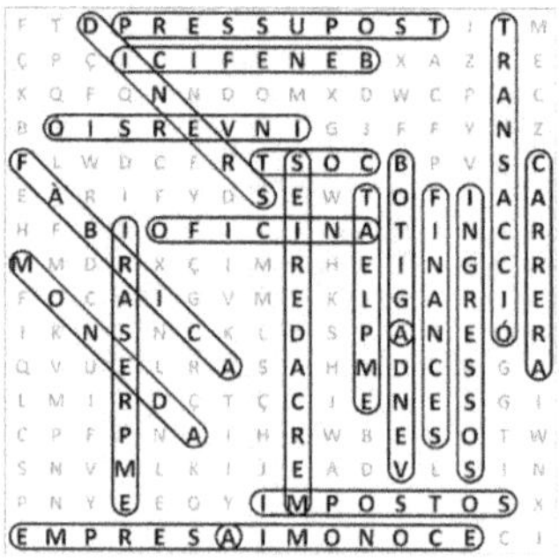

43 - Activités

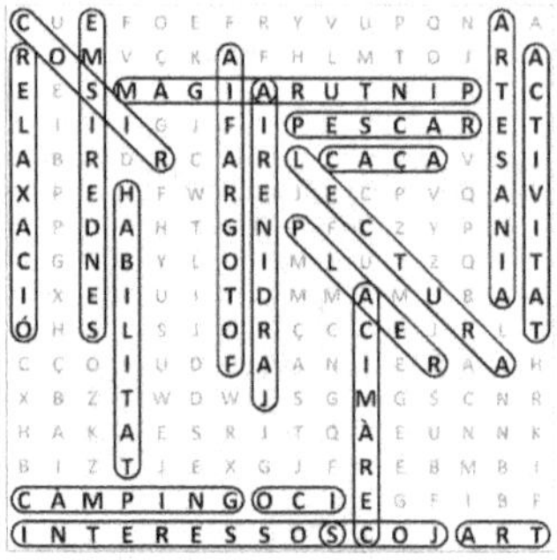

44 - Mode

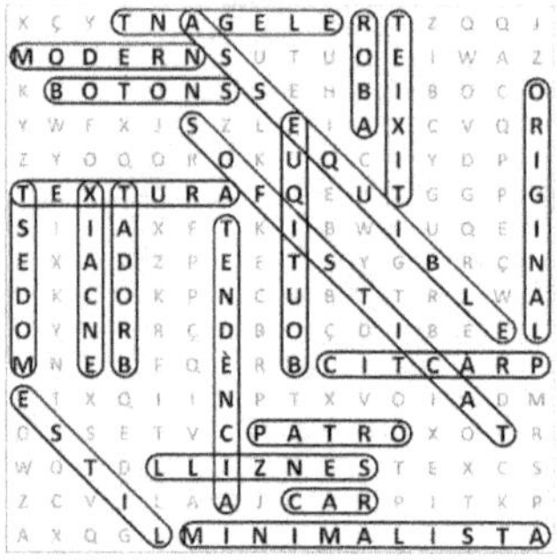

45 - Nourriture #2

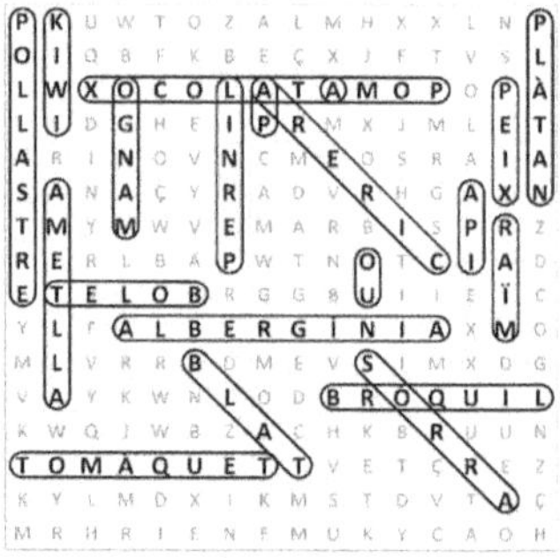

46 - Algèbre

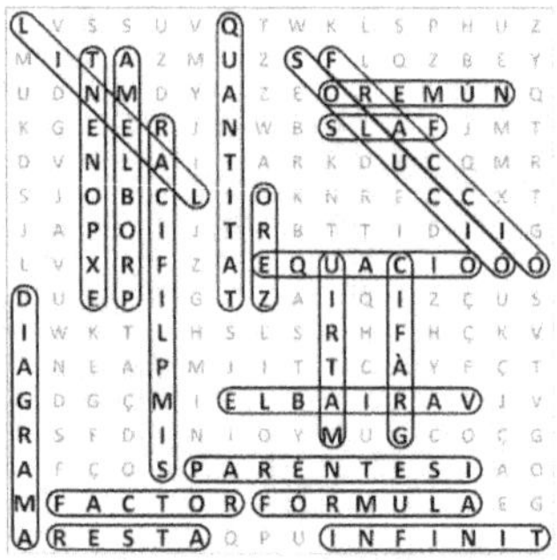

47 - Océan

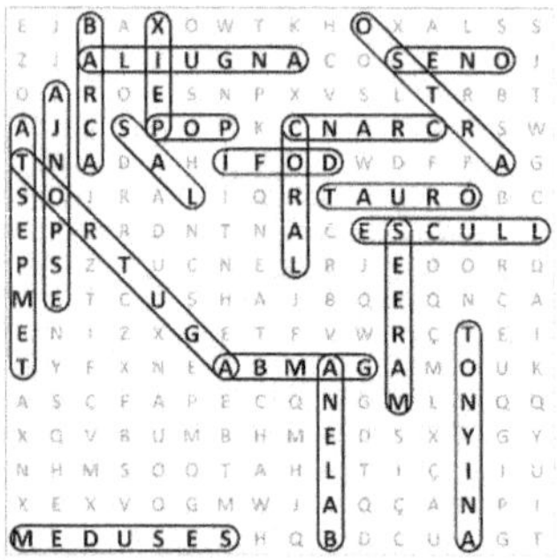

48 - Antiquités

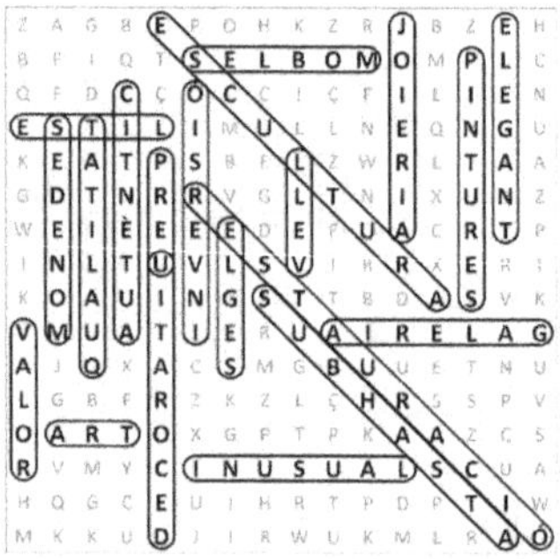

49 - Boxe

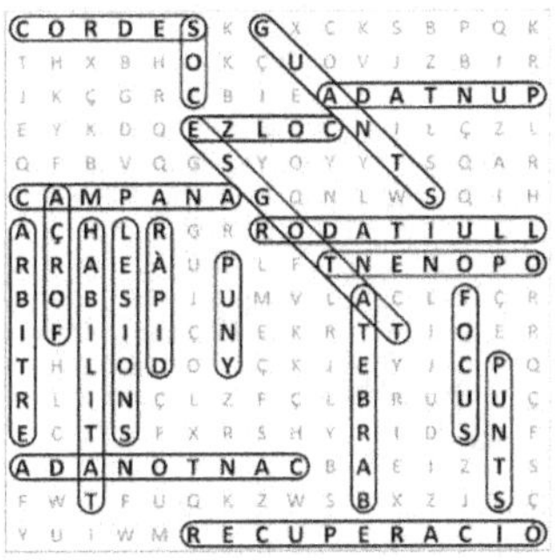

50 - Réchauffement Cli

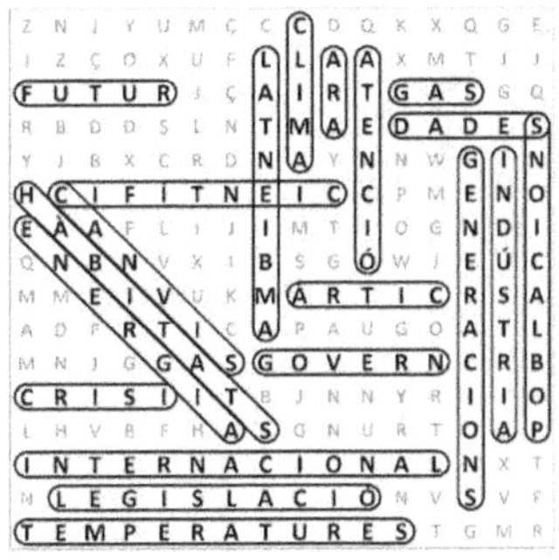

51 - Ballet

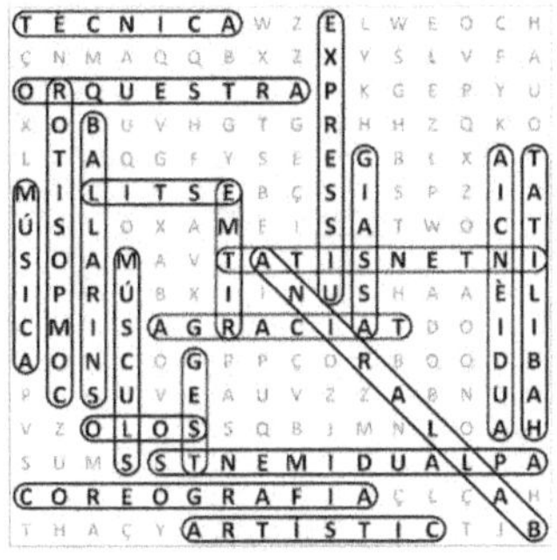

52 - Fruit

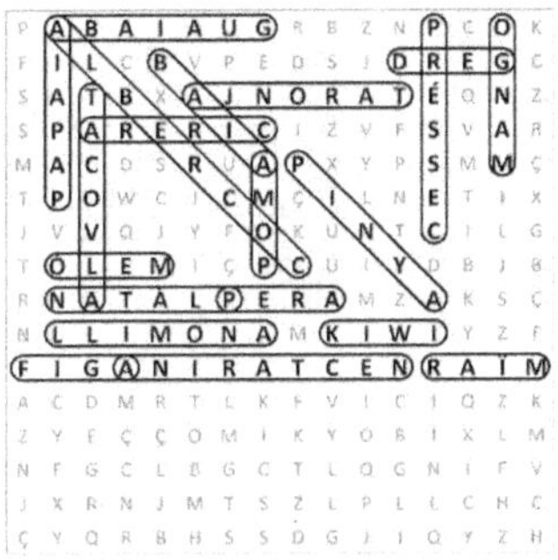

53 - Musique

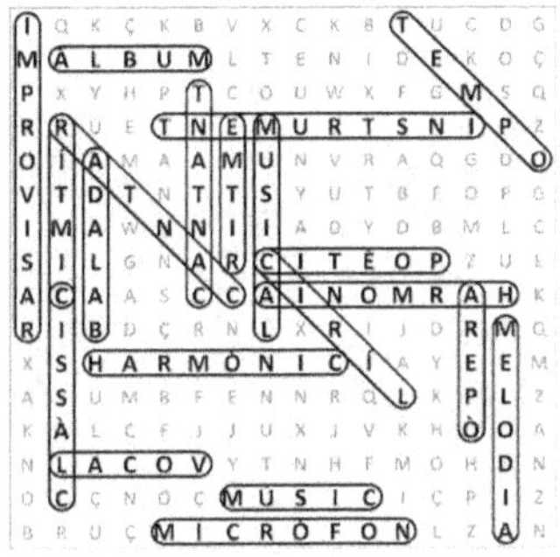

54 - L'Entreprise

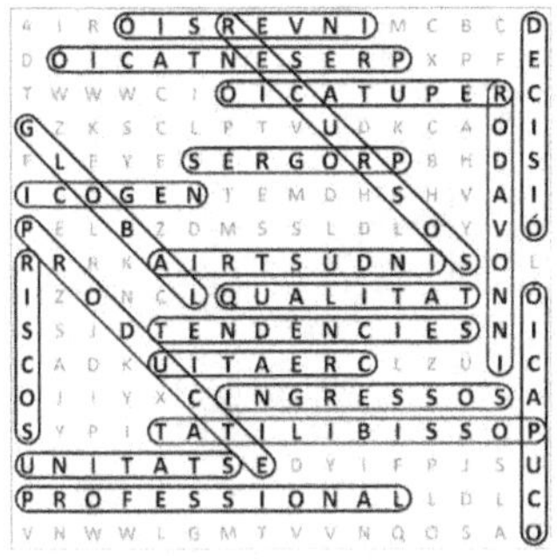

55 - Gouvernement

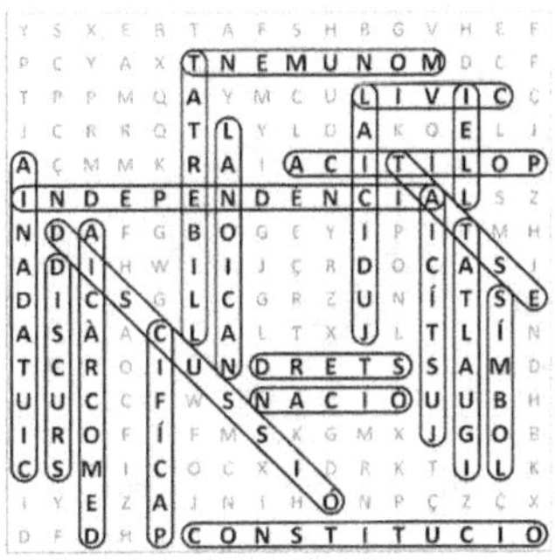

56 - Randonnée

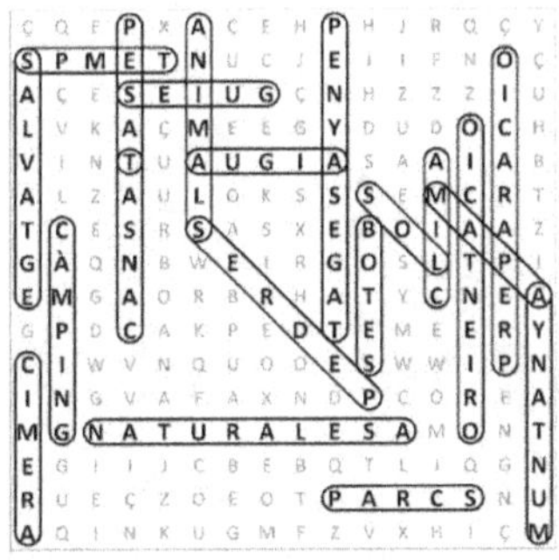

57 - Art

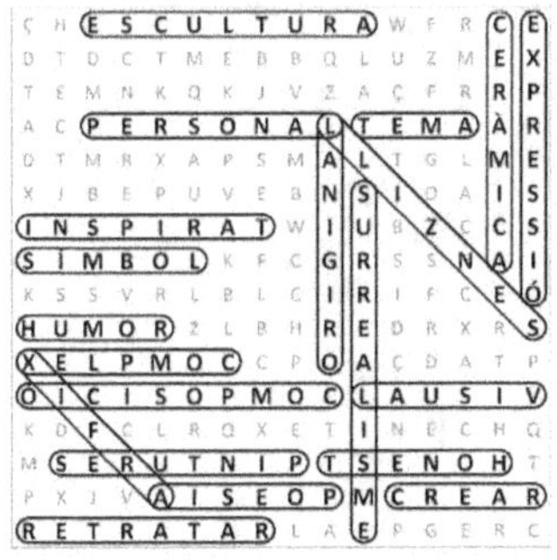

58 - Nutrition

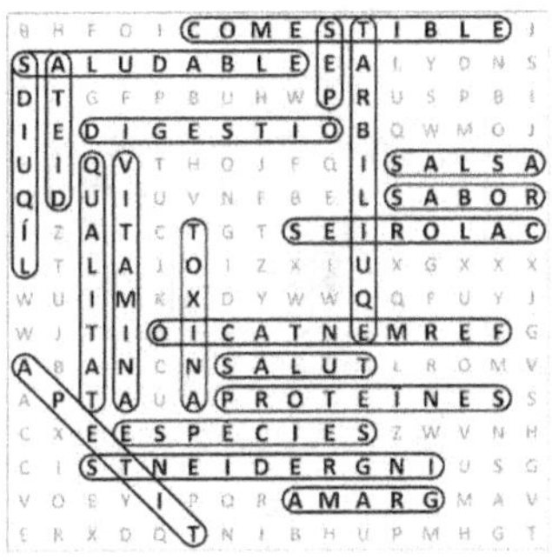

59 - Créativité

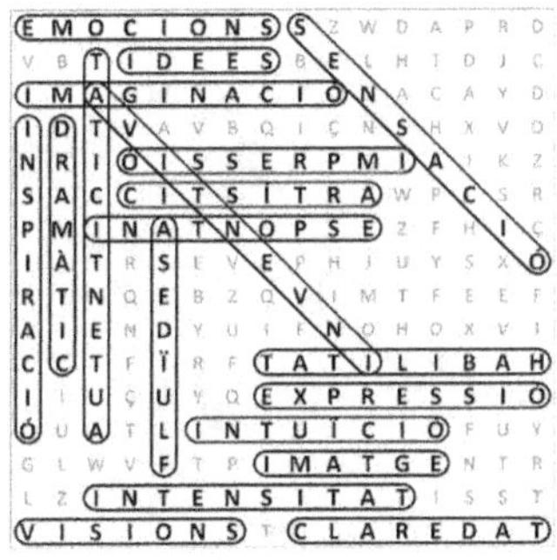

60 - Science Fiction

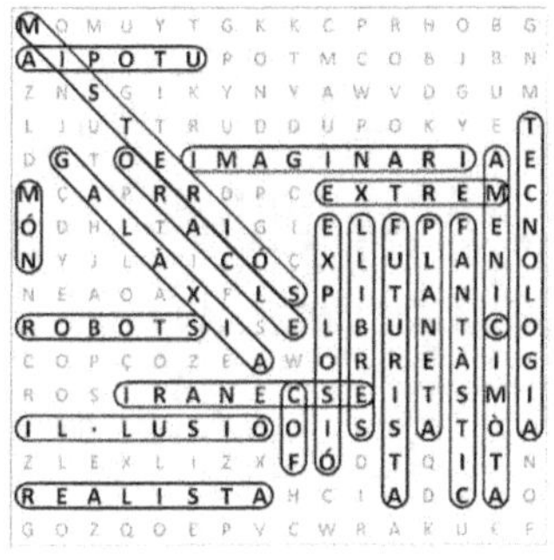

61 - Professions #1

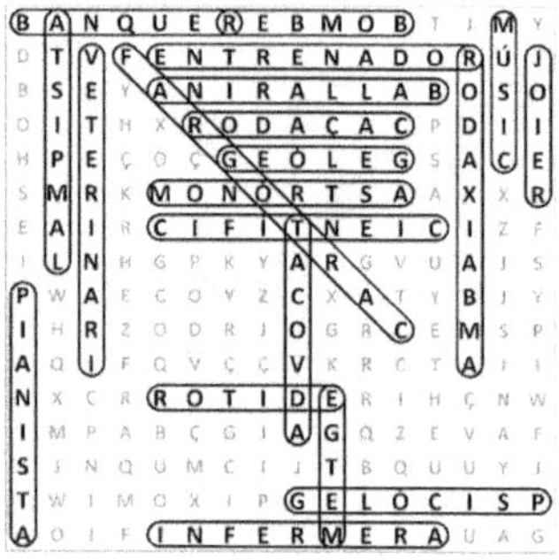

62 - Géologie

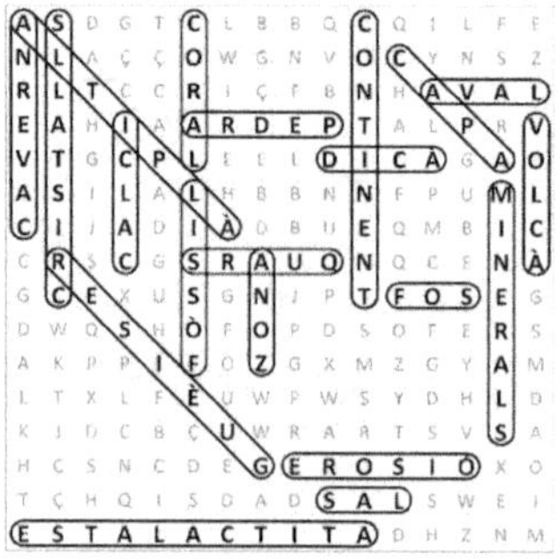

63 - Jardin

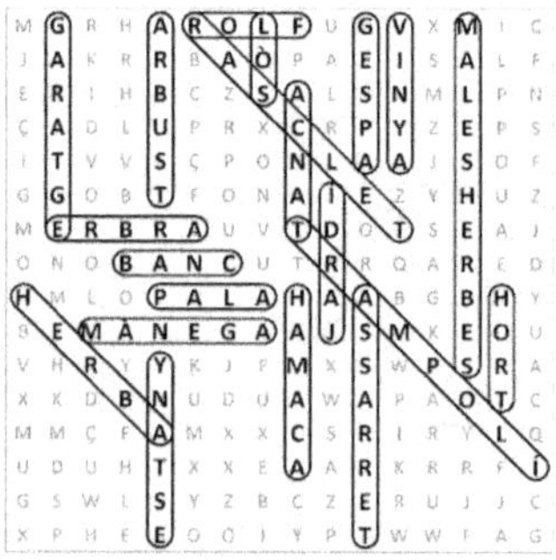

64 - Santé et Bien Être #1

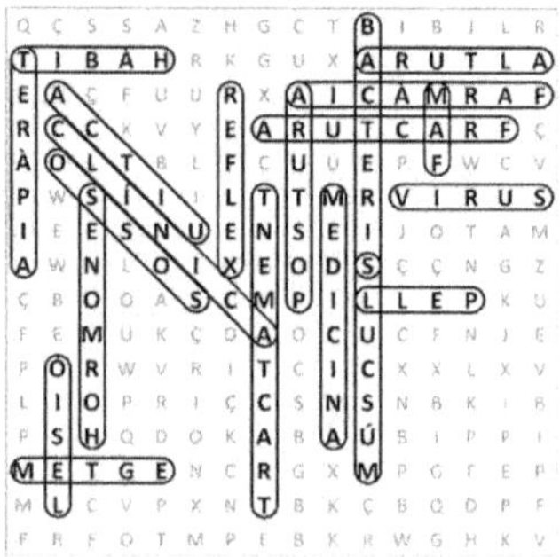

65 - Barbecues

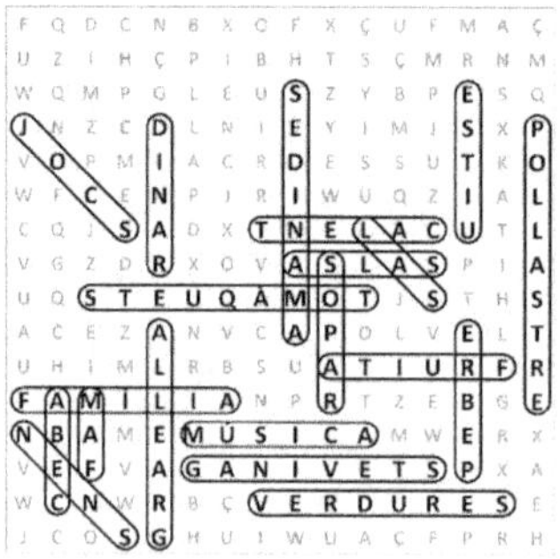

66 - Forêt Tropicale

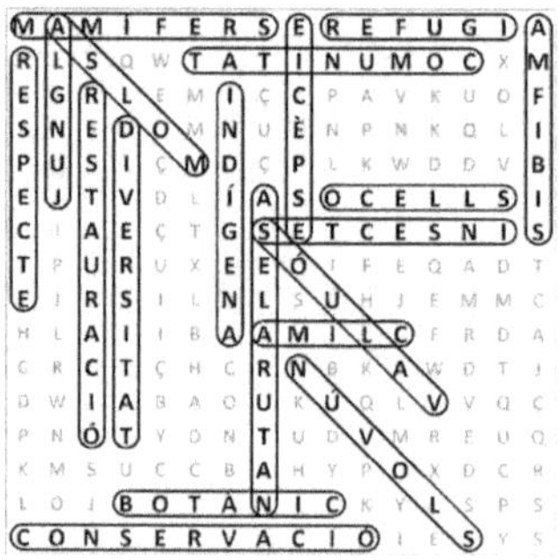

67 - Ferme #1

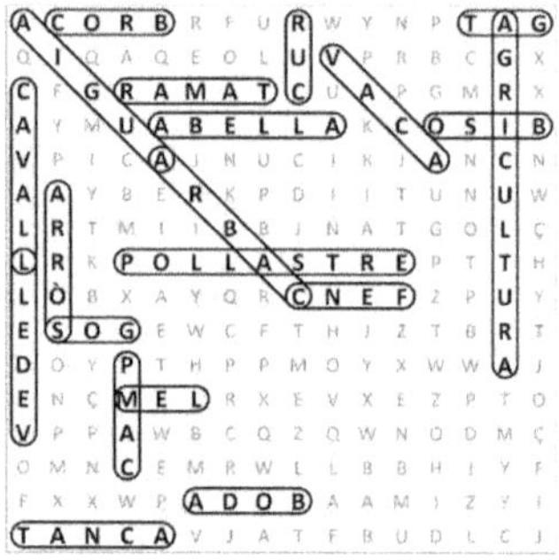

68 - Café

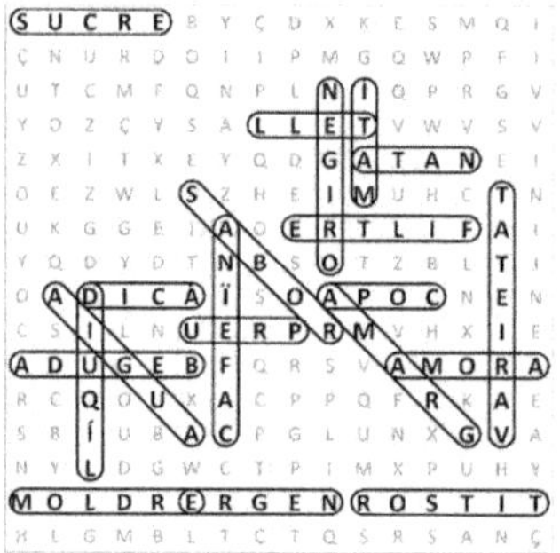

69 - Antarctique

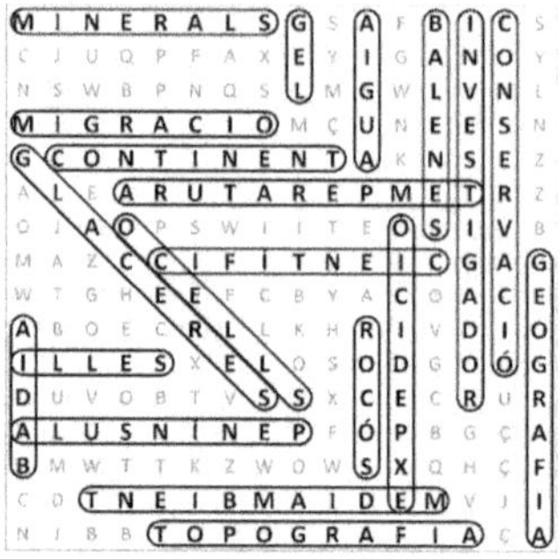

70 - Professions #2

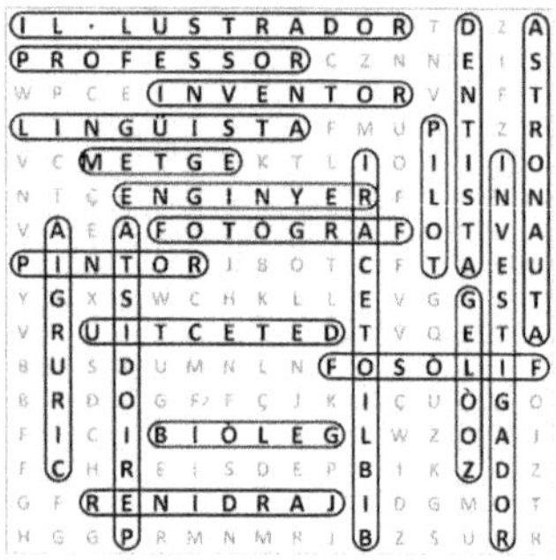

71 - Les Abeilles

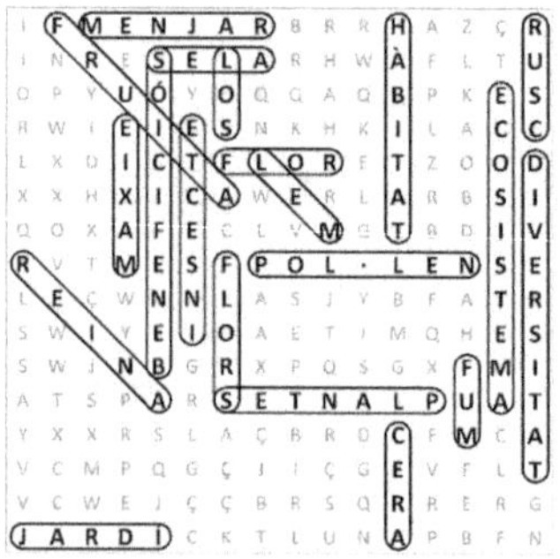

72 - Santé et Bien Être #2

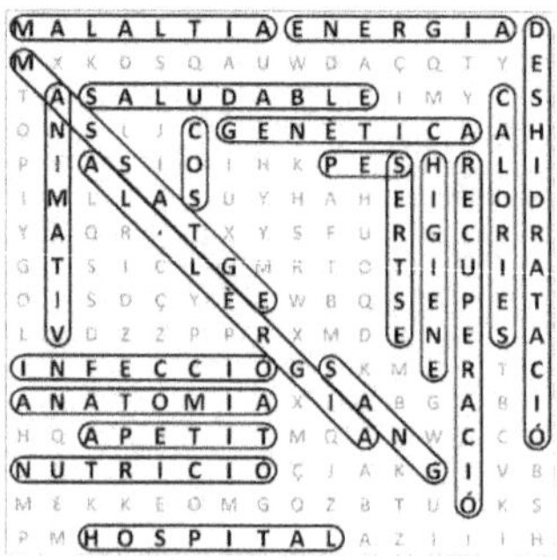

73 - Conduite

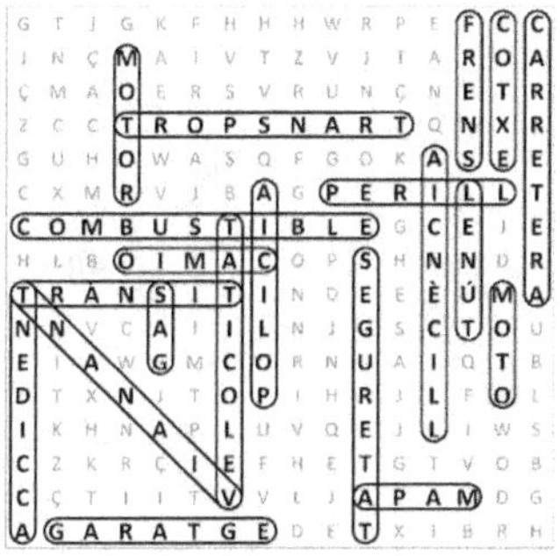

74 - Plantes

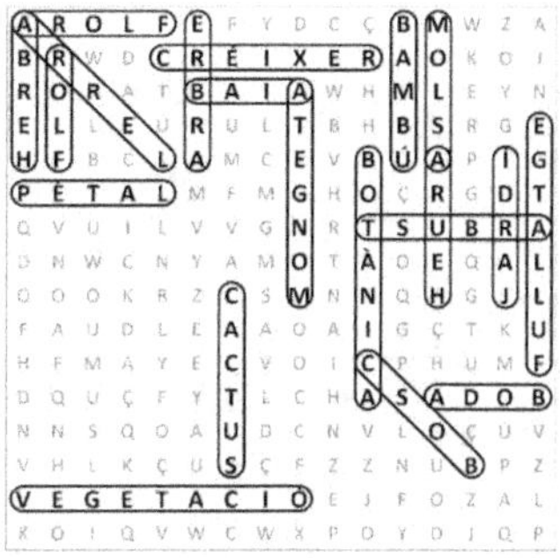

75 - Ferme #2

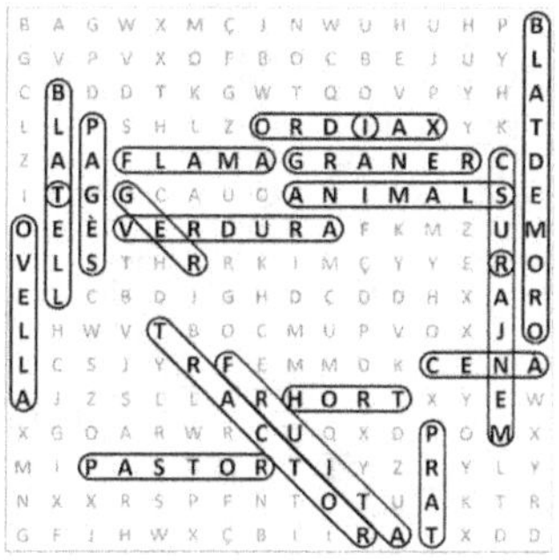

76 - Vacances #2

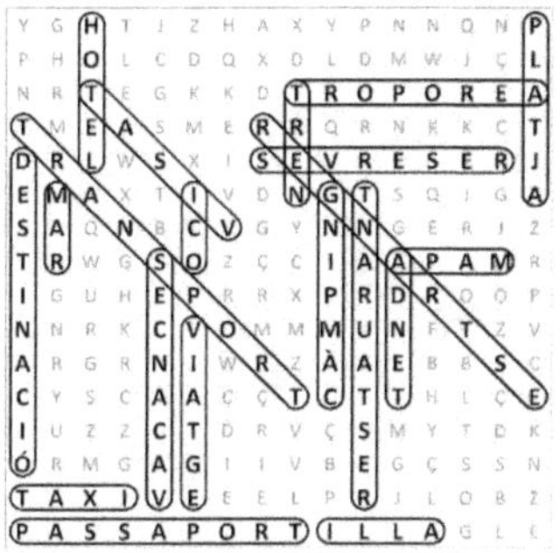

77 - Éthique

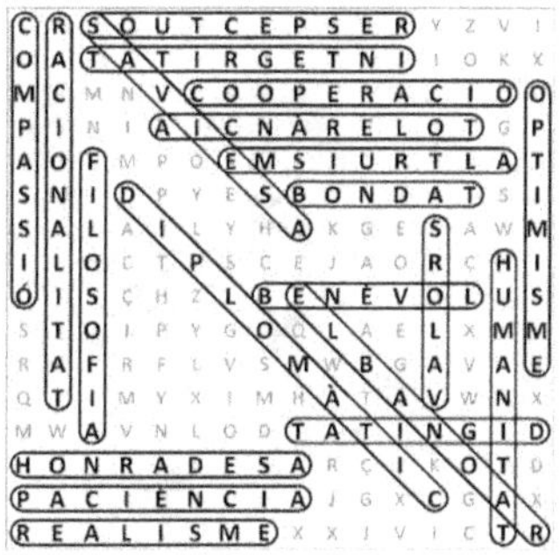

78 - Temps

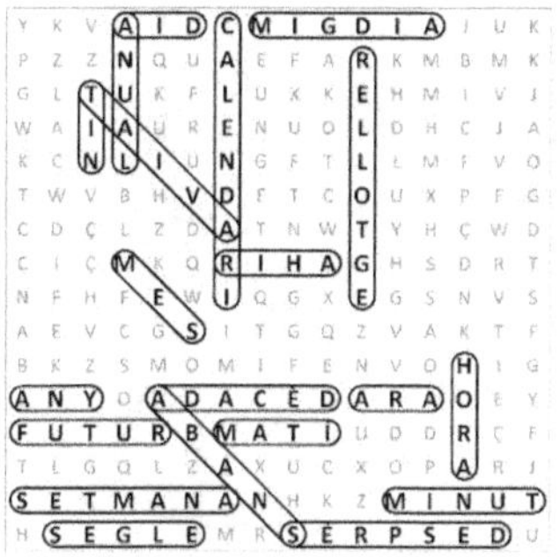

79 - Maison

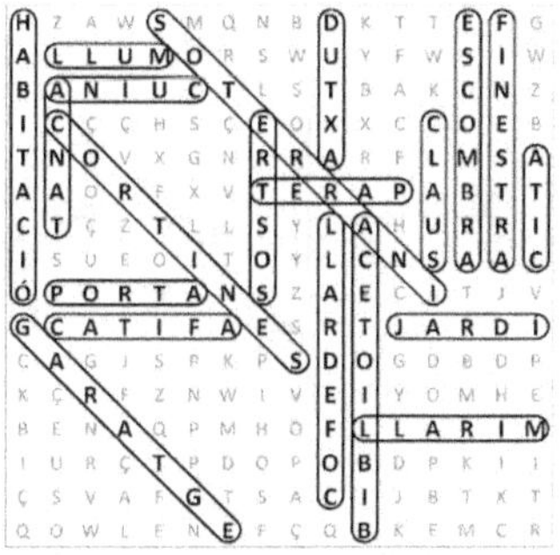

80 - Légumes

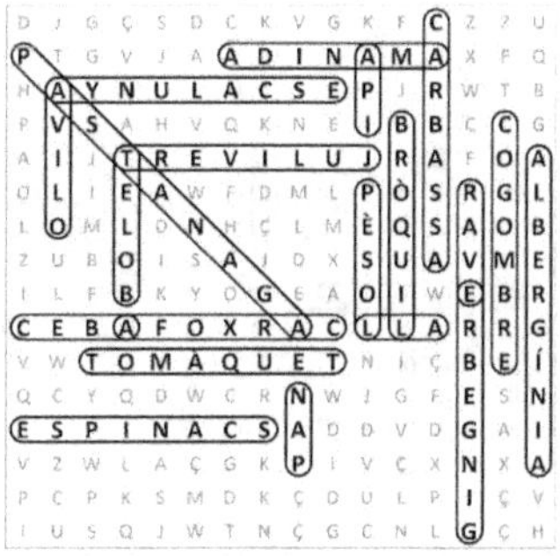

81 - Famille

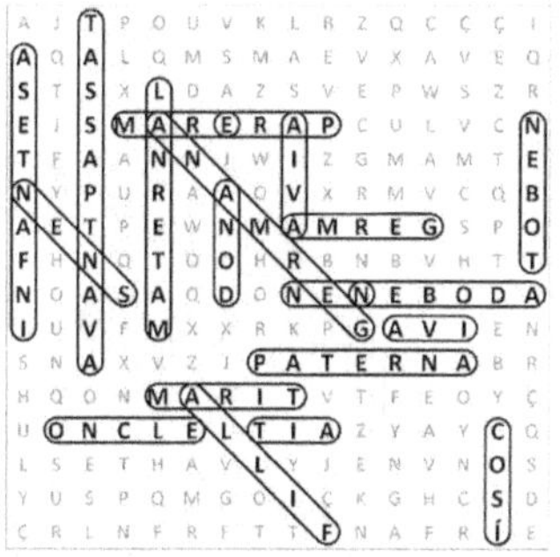

82 - Oiseaux

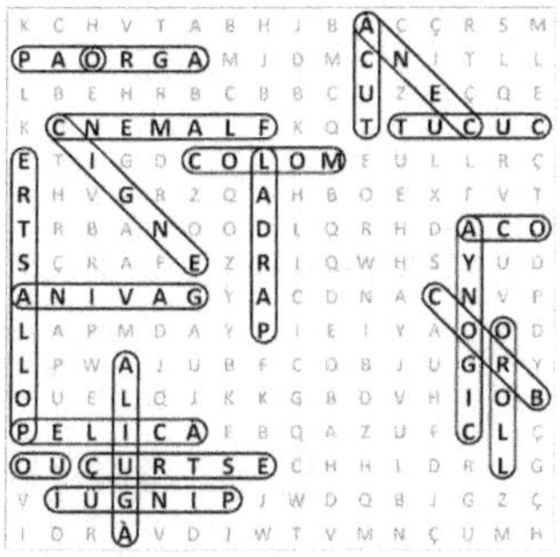

83 - Disciplines Scientifiques

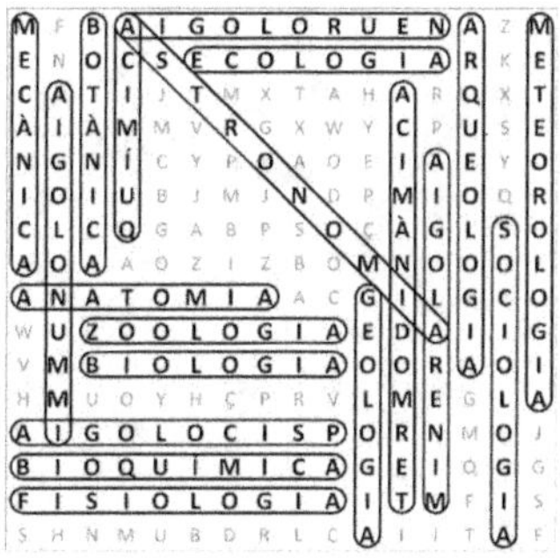

84 - Maladie

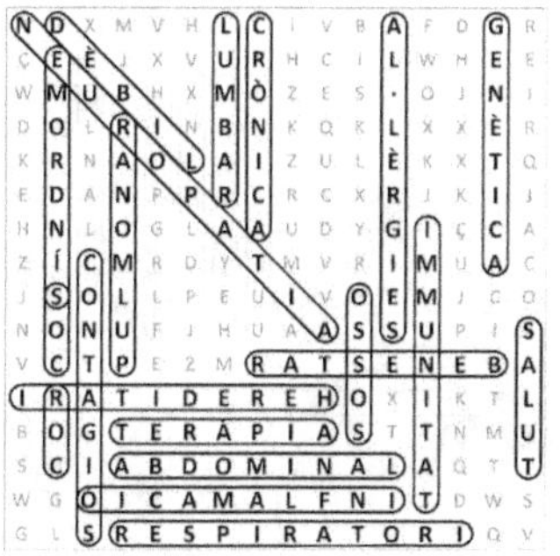

85 - Univers

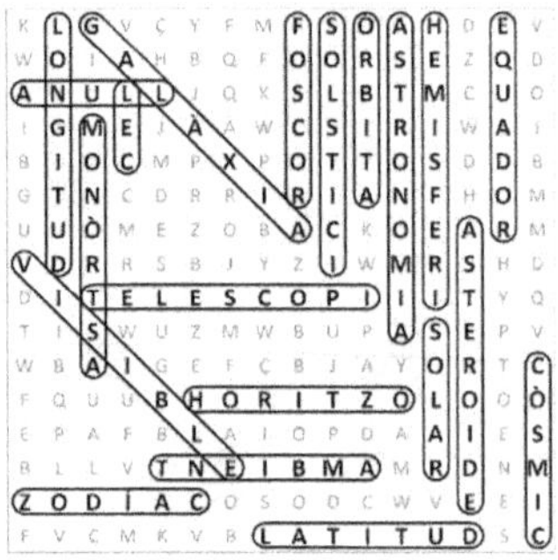

86 - Géographie

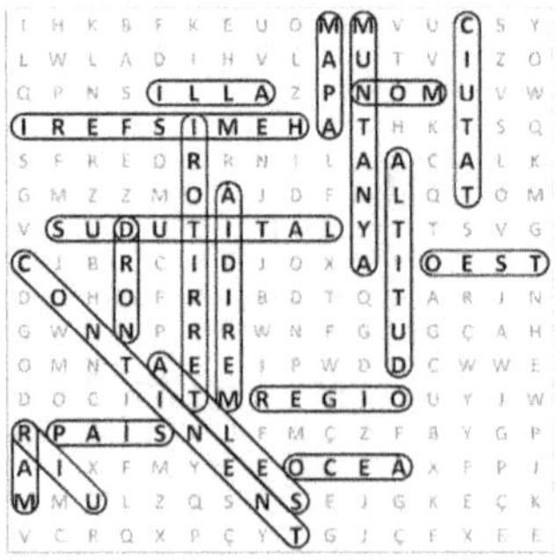

87 - Danse

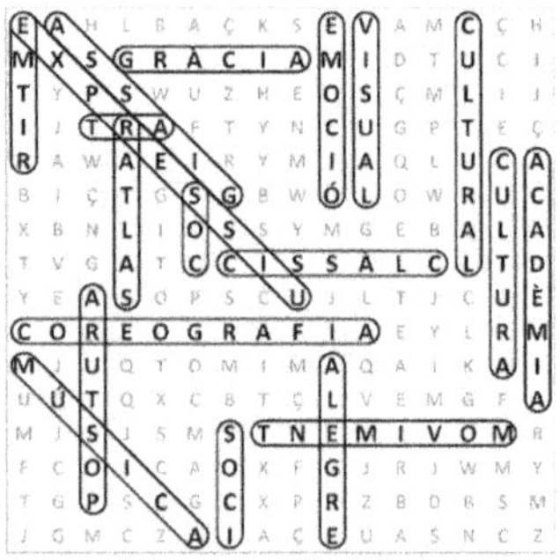

88 - Bâtiments

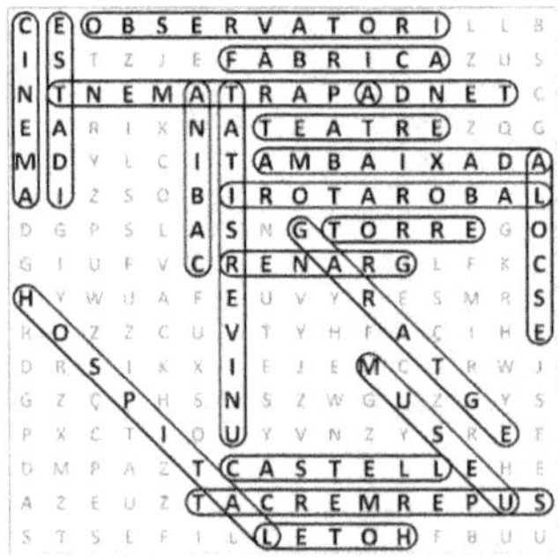

89 - Activités et Loisirs

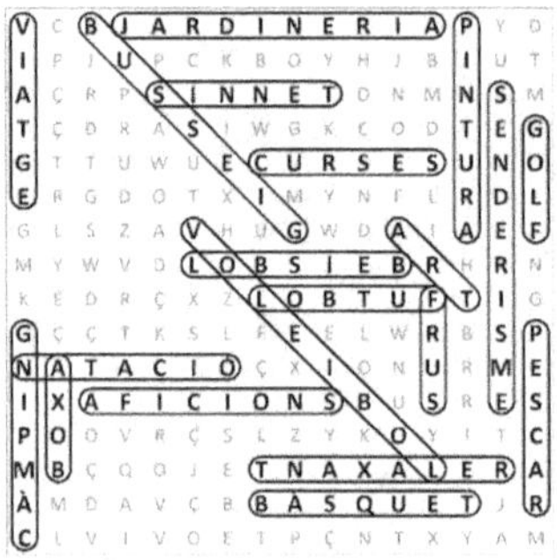

90 - Livres

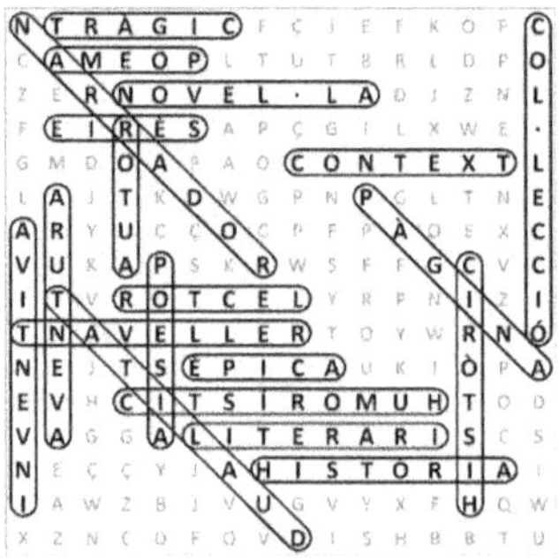

91 - Pays #2

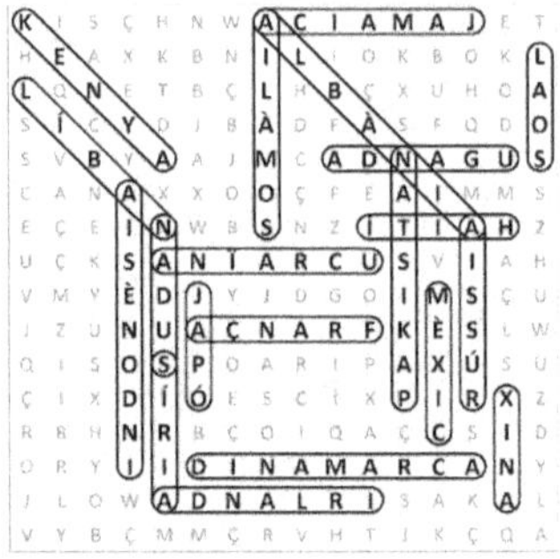

92 - Jazz

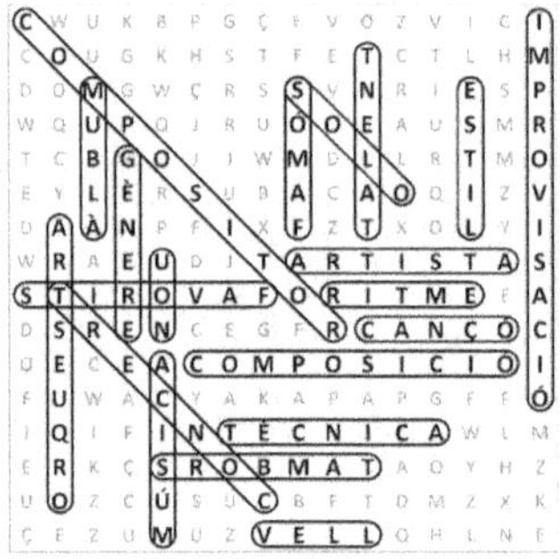

93 - Paysages

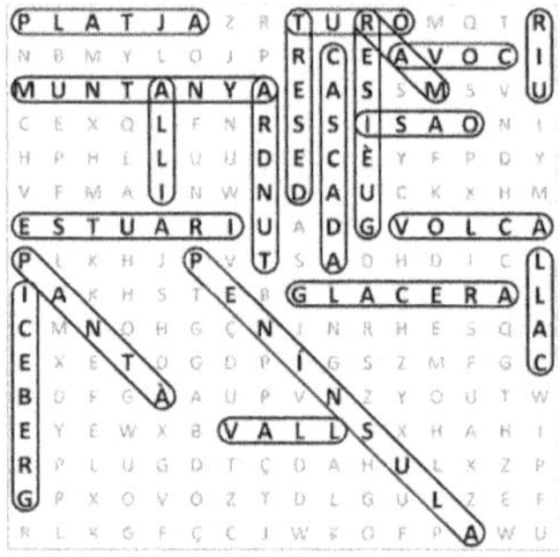

94 - Pays #1

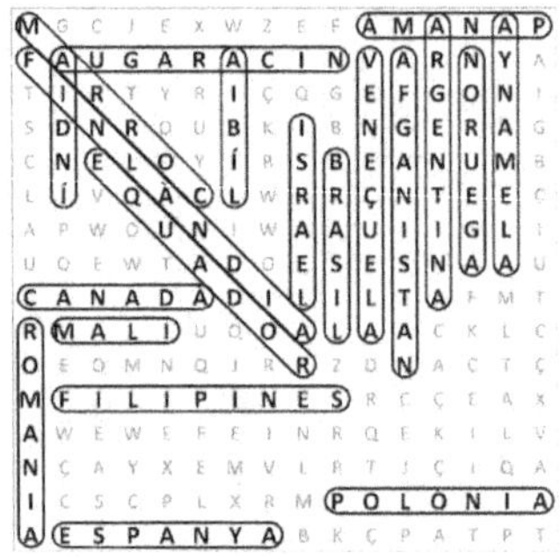

95 - Nombres

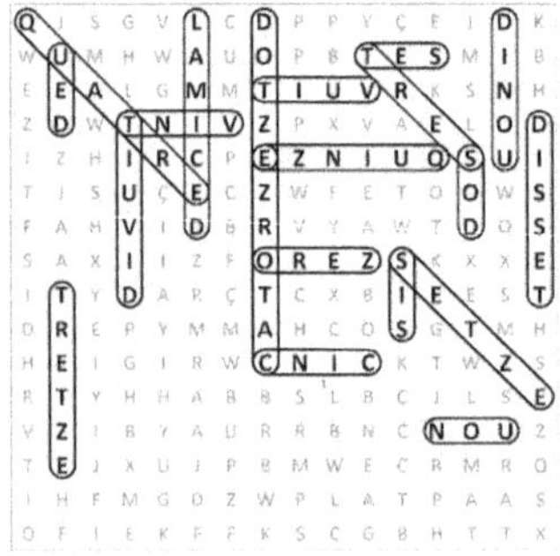

96 - Psychologie

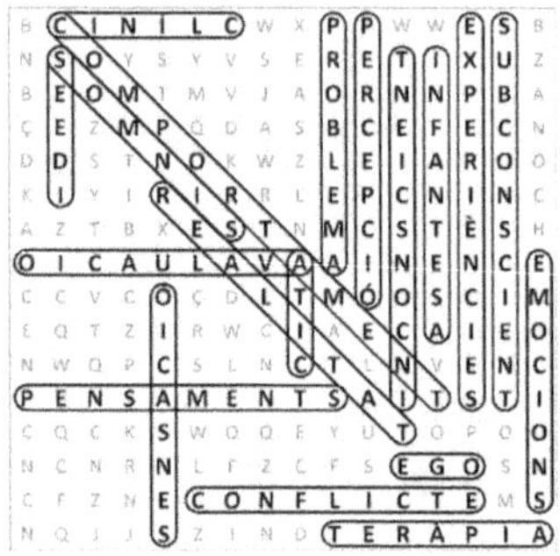

97 - Nature

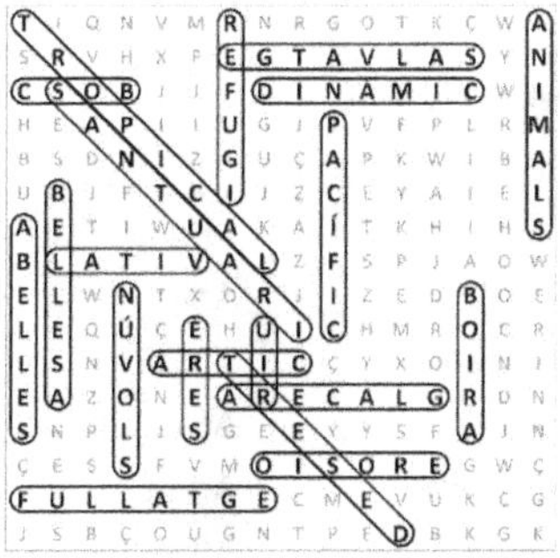

98 - Chimie

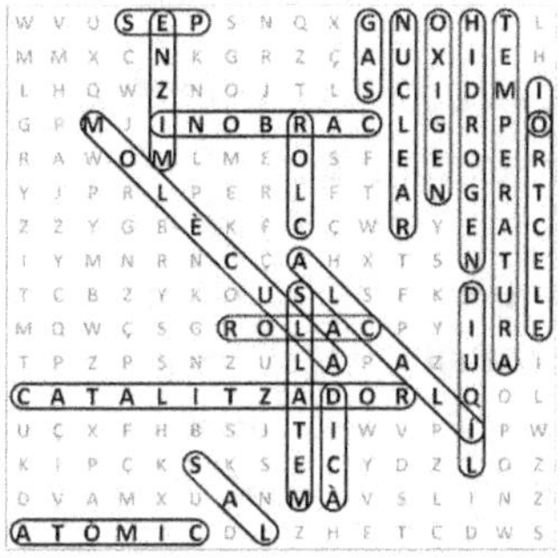

99 - Bateaux

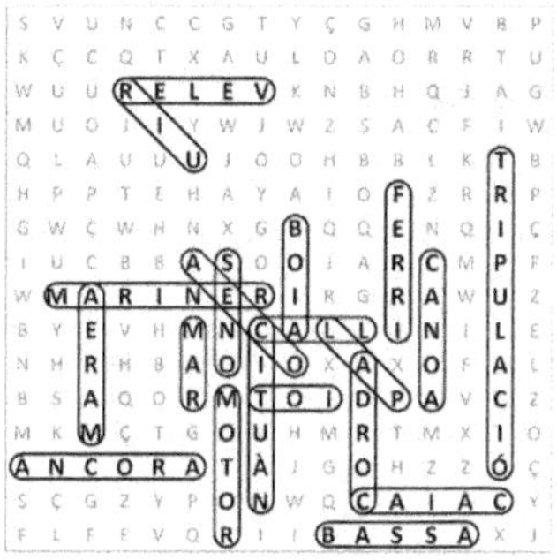

100 - Mesures

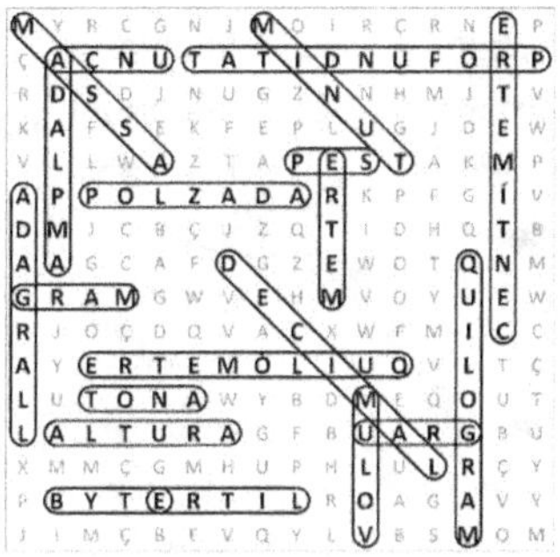

Dictionnaire

Activités
Activitats

Activité	Activitat
Art	Art
Artisanat	Artesania
Camping	Càmping
Céramique	Ceràmica
Chasse	Caça
Compétence	Habilitat
Couture	Cosir
Intérêts	Interessos
Jardinage	Jardineria
Jeux	Jocs
Lecture	Lectura
Loisir	Oci
Magie	Màgia
Peinture	Pintura
Pêche	Pescar
Photographie	Fotografia
Plaisir	Plaer
Randonnée	Senderisme
Relaxation	Relaxació

Activités et Loisirs
Activitats i Lleure

Art	Art
Base-Ball	Beisbol
Basket-Ball	Bàsquet
Boxe	Boxa
Camping	Càmping
Course	Curses
Football	Futbol
Golf	Golf
Jardinage	Jardineria
Nager	Natació
Passe-Temps	Aficions
Peinture	Pintura
Pêche	Pescar
Plongée	Busseig
Randonnée	Senderisme
Relaxant	Relaxant
Surf	Surf
Tennis	Tennis
Volley-Ball	Voleibol
Voyage	Viatge

Adjectifs #1
Adjectius #1

Absolu	Absolut
Actif	Actiu
Ambitieux	Ambiciós
Aromatique	Aromàtic
Artistique	Artístic
Attractif	Atractiu
Beau	Bonic
Exotique	Exòtic
Énorme	Enorme
Généreux	Generós
Honnête	Honest
Identique	Idèntic
Important	Important
Innocent	Innocent
Jeune	Jove
Lent	Lent
Lourd	Pesat
Mince	Prim
Moderne	Modern
Parfait	Perfecte

Adjectifs #2
Adjectius #2

Authentique	Autèntic
Célèbre	Famós
Créatif	Creatiu
Descriptif	Descriptiu
Doué	Dotat
Dramatique	Dramàtic
Élégant	Elegant
Fier	Orgullós
Fort	Fort
Intéressant	Interessant
Naturel	Natural
Nouveau	Nou
Productif	Productiu
Puissant	Potent
Pur	Pur
Responsable	Responsable
Sain	Saludable
Salé	Salat
Sauvage	Salvatge
Sec	Sec

Agronomie
Agronomia

Agriculture	Agricultura
Croissance	Creixement
Eau	Aigua
Engrais	Adob
Environnement	Medi Ambient
Écologie	Ecologia
Énergie	Energia
Érosion	Erosió
Étude	Estudi
Graines	Llavors
Identification	Identificació
Légumes	Verdures
Maladies	Malalties
Nourriture	Menjar
Pollution	Contaminació
Production	Producció
Recherche	Recerca
Rural	Rural
Science	Ciència
Systèmes	Sistemes

Algèbre
Àlgebra

Diagramme	Diagrama
Exposant	Exponent
Équation	Equació
Facteur	Factor
Faux	Fals
Formule	Fórmula
Fraction	Fracció
Graphique	Gràfic
Infini	Infinit
Linéaire	Lineal
Matrice	Matriu
Nombre	Número
Parenthèse	Parèntesi
Problème	Problema
Quantité	Quantitat
Simplifier	Simplificar
Solution	Solució
Soustraction	Resta
Variable	Variable
Zéro	Zero

Antarctique
Antàrtida

Baie	Badia
Baleines	Balenes
Chercheur	Investigador
Conservation	Conservació
Continent	Continent
Eau	Aigua
Environnement	Medi Ambient
Expédition	Expedició
Géographie	Geografia
Glace	Gel
Glaciers	Glaceres
Îles	Illes
Migration	Migració
Minéraux	Minerals
Oiseaux	Ocells
Péninsule	Península
Rocheux	Rocós
Scientifique	Científic
Température	Temperatura
Topographie	Topografia

Antiquités
Antiguitats

Art	Art
Authentique	Autèntic
Bijoux	Joieria
Décoratif	Decoratiu
Enchères	Subhasta
Élégant	Elegant
Galerie	Galeria
Inhabituel	Inusual
Investissement	Inversió
Meubles	Mobles
Peintures	Pintures
Pièces	Monedes
Prix	Preu
Qualité	Qualitat
Restauration	Restauració
Sculpture	Escultura
Siècle	Segle
Style	Estil
Valeur	Valor
Vieux	Vell

Archéologie
Arqueologia

Analyse	Anàlisi
Antiquité	Antiguitat
Chercheur	Investigador
Civilisation	Civilització
Descendant	Descendent
Expert	Expert
Ère	Era
Équipe	Equip
Évaluation	Avaluació
Fossile	Fòssil
Inconnu	Desconegut
Mystère	Misteri
Objets	Objectes
Os	Ossos
Oublié	Oblidat
Poterie	Ceràmica
Professeur	Professor
Relique	Relíquia
Temple	Temple
Tombe	Tomba

Art
L'Art

Céramique	Ceràmica
Complexe	Complex
Composition	Composició
Créer	Crear
Dépeindre	Retratar
Expression	Expressió
Figure	Xifra
Honnête	Honest
Humeur	Humor
Inspiré	Inspirat
Original	Original
Peintures	Pintures
Personnel	Personal
Poésie	Poesia
Sculpture	Escultura
Simple	Senzill
Sujet	Tema
Surréalisme	Surrealisme
Symbole	Símbol
Visuel	Visual

Astronomie
Astronomia

Astéroïde	Asteroide
Astronaute	Astronauta
Astronome	Astrònom
Ciel	Cel
Constellation	Constel·lació
Cosmos	Cosmos
Éclipse	Eclipsi
Équinoxe	Equinocci
Fusée	Coet
Galaxie	Galàxia
Lune	Lluna
Météore	Meteor
Nébuleuse	Nebulosa
Observatoire	Observatori
Planète	Planeta
Radiation	Radiació
Solaire	Solar
Supernova	Supernova
Terre	Terra
Univers	Univers

Aventure
Aventura

Activité	Activitat
Beauté	Bellesa
Bravoure	Valentia
Chance	Oportunitat
Dangereux	Perillós
Destination	Destinació
Défis	Reptes
Difficulté	Dificultat
Enthousiasme	Entusiasme
Excursion	Excursió
Inhabituel	Inusual
Itinéraire	Itinerari
Joie	Goig
Nature	Naturalesa
Navigation	Navegació
Nouveau	Nou
Préparation	Preparació
Sécurité	Seguretat
Surprenant	Sorprenent
Voyages	Viatges

Avions
Avions

Air	Aire
Altitude	Altitud
Atmosphère	Ambient
Atterrissage	Aterratge
Aventure	Aventura
Ballon	Globus
Carburant	Combustible
Ciel	Cel
Construction	Construcció
Descente	Descens
Direction	Direcció
Équipage	Tripulació
Gonfler	Inflar
Hauteur	Altura
Histoire	Història
Hydrogène	Hidrogen
Moteur	Motor
Passager	Passatger
Pilote	Pilot
Turbulence	Turbulència

Ballet
Ballet

Applaudissement	Aplaudiments
Artistique	Artístic
Ballerine	Ballarina
Chorégraphie	Coreografia
Compétence	Habilitat
Compositeur	Compositor
Danseurs	Ballarins
Expressif	Expressiu
Geste	Gest
Gracieux	Agraciat
Intensité	Intensitat
Muscles	Músculs
Musique	Música
Orchestre	Orquestra
Public	Audiència
Répétition	Assaig
Rythme	Ritme
Solo	Solo
Style	Estil
Technique	Tècnica

Barbecues
Barbacoes

Chaud	Calent
Couteaux	Ganivets
Déjeuner	Dinar
Dîner	Sopar
Enfants	Nens
Été	Estiu
Faim	Fam
Famille	Família
Fruit	Fruita
Gril	Graella
Jeux	Jocs
Légumes	Verdures
Musique	Música
Oignons	Ceba
Poivre	Pebre
Poulet	Pollastre
Salades	Amanides
Sauce	Salsa
Sel	Sal
Tomates	Tomàquets

Bateaux
Vaixells

Ancre	Àncora
Bouée	Boia
Canoë	Canoa
Corde	Corda
Équipage	Tripulació
Ferry	Ferri
Fleuve	Riu
Kayak	Caiac
Lac	Llac
Marée	Marea
Marin	Mariner
Mât	Pal
Mer	Mar
Moteur	Motor
Nautique	Nàutic
Océan	Oceà
Radeau	Bassa
Vagues	Ones
Voilier	Veler
Yacht	Iot

Bâtiments
Edificis

Ambassade	Ambaixada
Appartement	Apartament
Cabine	Cabina
Château	Castell
Cinéma	Cinema
École	Escola
Garage	Garatge
Grange	Graner
Hôpital	Hospital
Hôtel	Hotel
Laboratoire	Laboratori
Musée	Museu
Observatoire	Observatori
Stade	Estadi
Supermarché	Supermercat
Tente	Tenda
Théâtre	Teatre
Tour	Torre
Université	Universitat
Usine	Fàbrica

Beauté
La Bellesa

Boucles	Rínxols
Charme	Encant
Ciseaux	Tisores
Cosmétique	Cosmètica
Couleur	Color
Élégance	Elegància
Élégant	Elegant
Grâce	Gràcia
Huiles	Olis
Lisse	Llis
Maquillage	Maquillatge
Mascara	Màscara
Miroir	Mirall
Parfum	Fragància
Peau	Pell
Photogénique	Fotogènica
Rouge à Lèvres	Pintallavis
Services	Serveis
Shampooing	Xampú
Styliste	Estilista

Biologie
Biologia

Anatomie	Anatomia
Bactéries	Bacteris
Cellule	Cel·la
Chromosome	Cromosoma
Collagène	Col·lagen
Embryon	Embrió
Enzyme	Enzim
Évolution	Evolució
Hormone	Hormona
Mammifère	Mamífer
Mutation	Mutació
Naturel	Natural
Nerf	Nervi
Neurone	Neurona
Osmose	Osmosi
Photosynthèse	Fotosíntesi
Protéine	Proteïna
Reptile	Rèptil
Symbiose	Simbiosi
Synapse	Sinapsi

Boxe
Boxa

Adversaire	Oponent
Arbitre	Àrbitre
Blessures	Lesions
Cloche	Campana
Coin	Cantonada
Combattant	Lluitador
Compétence	Habilitat
Concentrer	Focus
Cordes	Cordes
Corps	Cos
Coude	Colze
Coup	Puntada
Épuisé	Esgotat
Force	Força
Gants	Guants
Menton	Barbeta
Poing	Puny
Points	Punts
Rapide	Ràpid
Récupération	Recuperació

Café
Cafè

Acide	Àcid
Amer	Amarg
Arôme	Aroma
Boisson	Beguda
Caféine	Cafeïna
Crème	Nata
Eau	Aigua
Filtre	Filtre
Lait	Llet
Liquide	Líquid
Matin	Matí
Moudre	Moldre
Noir	Negre
Origine	Origen
Prix	Preu
Rôti	Rostit
Saveur	Sabor
Sucre	Sucre
Tasse	Copa
Variété	Varietat

Camping
Campament

Animaux	Animals
Aventure	Aventura
Boussole	Brúixola
Cabine	Cabina
Canoë	Canoa
Carte	Mapa
Chapeau	Barret
Chasse	Caça
Corde	Corda
Équipement	Equipament
Feu	Foc
Forêt	Bosc
Hamac	Hamaca
Insecte	Insecte
Lac	Llac
Lanterne	Llanterna
Lune	Lluna
Montagne	Muntanya
Nature	Naturalesa
Tente	Tenda

Chimie
Química

Acide	Àcid
Alcalin	Alcalí
Atomique	Atòmic
Carbone	Carboni
Catalyseur	Catalitzador
Chaleur	Calor
Chlore	Clor
Enzyme	Enzim
Électron	Electró
Gaz	Gas
Hydrogène	Hidrogen
Ion	Ió
Liquide	Líquid
Métaux	Metalls
Molécule	Molècula
Nucléaire	Nuclear
Oxygène	Oxigen
Poids	Pes
Sel	Sal
Température	Temperatura

Chocolat
Xocolata

Amer	Amarg
Antioxydant	Antioxidant
Arôme	Aroma
Artisanal	Artesanal
Cacahuètes	Cacauets
Cacao	Cacau
Calories	Calories
Caramel	Caramel
Délicieux	Deliciós
Doux	Dolç
Exotique	Exòtic
Favori	Favorit
Goût	Gust
Ingrédient	Ingredient
Noix de Coco	Coco
Poudre	Pols
Qualité	Qualitat
Recette	Recepta
Saveur	Sabor
Sucre	Sucre

Conduite
Conducció

Accident	Accident
Camion	Camió
Carburant	Combustible
Carte	Mapa
Danger	Perill
Freins	Frens
Garage	Garatge
Gaz	Gas
Licence	Llicència
Moteur	Motor
Moto	Moto
Piéton	Vianant
Police	Policia
Route	Carretera
Sécurité	Seguretat
Trafic	Trànsit
Transport	Transport
Tunnel	Túnel
Vitesse	Velocitat
Voiture	Cotxe

Corps Humain
Cos Humà

Bouche	Boca
Cerveau	Cervell
Cheville	Turmell
Cou	Coll
Coude	Colze
Cœur	Cor
Doigt	Dit
Estomac	Estómac
Épaule	Espatlla
Genou	Genoll
Lèvres	Llavis
Main	Mà
Mâchoire	Mandíbula
Menton	Barbeta
Nez	Nas
Oreille	Orella
Peau	Pell
Sang	Sang
Tête	Cap
Visage	Cara

Créativité
Creativitat

Artistique	Artístic
Authenticité	Autenticitat
Clarté	Claredat
Compétence	Habilitat
Dramatique	Dramàtic
Expression	Expressió
Émotions	Emocions
Fluidité	Fluïdesa
Idées	Idees
Image	Imatge
Imagination	Imaginació
Impression	Impressió
Inspiration	Inspiració
Intensité	Intensitat
Intuition	Intuïció
Inventif	Inventiva
Sensation	Sensació
Spontané	Espontani
Visions	Visions
Vitalité	Vitalitat

Cuisine
Cuina

Baguettes	Escuradents
Bol	Bol
Bouilloire	Bullidor
Congélateur	Congelador
Couteaux	Ganivets
Cruche	Gerra
Cuillères	Culleres
Épices	Espècies
Éponge	Esponja
Four	Forn
Fourchettes	Forquilles
Gril	Graella
Louche	Cullerot
Nourriture	Menjar
Pot	Pot
Recette	Recepta
Réfrigérateur	Nevera
Serviette	Tovalló
Tablier	Davantal
Tasses	Tasses

Danse
Dansa

Académie	Acadèmia
Art	Art
Chorégraphie	Coreografia
Classique	Clàssic
Corps	Cos
Culture	Cultura
Culturel	Cultural
Expressif	Expressiu
Émotion	Emoció
Grâce	Gràcia
Joyeux	Alegre
Mouvement	Moviment
Musique	Música
Partenaire	Soci
Posture	Postura
Répétition	Assaig
Rythme	Ritme
Saut	Saltar
Traditionnel	Tradicional
Visuel	Visual

Diplomatie
Diplomàcia

Ambassade	Ambaixada
Ambassadeur	Ambaixador
Citoyens	Ciutadans
Communauté	Comunitat
Conflit	Conflicte
Conseiller	Assessor
Coopération	Cooperació
Diplomatique	Diplomàtic
Discussion	Discussió
Éthique	Ètica
Étranger	Estranger
Gouvernement	Govern
Humanitaire	Humanitari
Intégrité	Integritat
Justice	Justícia
Politique	Política
Résolution	Resolució
Sécurité	Seguretat
Solution	Solució
Traité	Tractat

Disciplines Scientifiques
Disciplines Científiques

Anatomie	Anatomia
Archéologie	Arqueologia
Astronomie	Astronomia
Biochimie	Bioquímica
Biologie	Biologia
Botanique	Botànica
Chimie	Química
Écologie	Ecologia
Géologie	Geologia
Immunologie	Immunologia
Linguistique	Lingüística
Mécanique	Mecànica
Météorologie	Meteorologia
Minéralogie	Mineralogia
Neurologie	Neurologia
Physiologie	Fisiologia
Psychologie	Psicologia
Sociologie	Sociologia
Thermodynamique	Termodinàmica
Zoologie	Zoologia

Entreprise
Negocis

Argent	Diners
Boutique	Botiga
Budget	Pressupost
Bureau	Oficina
Carrière	Carrera
Coût	Cost
Devise	Moneda
Employeur	Empresari
Employé	Empleat
Entreprise	Empresa
Économie	Economia
Finance	Finances
Impôts	Impostos
Investissement	Inversió
Marchandise	Mercaderies
Profit	Benefici
Revenu	Ingressos
Transaction	Transacció
Usine	Fàbrica
Vente	Venda

Écologie
Ecologia

Bénévoles	Voluntaris
Climat	Clima
Communautés	Comunitats
Diversité	Diversitat
Durable	Sostenible
Espèce	Espècie
Faune	Fauna
Flore	Flora
Habitat	Hàbitat
Marais	Pantà
Marin	Marí
Montagnes	Muntanyes
Nature	Naturalesa
Naturel	Natural
Plantes	Plantes
Ressources	Recursos
Sécheresse	Sequera
Survie	Supervivència
Variété	Varietat
Végétation	Vegetació

Énergie
Energia

Batterie	Pila
Carbone	Carboni
Carburant	Combustible
Chaleur	Calor
Diesel	Dièsel
Entropie	Entropia
Environnement	Medi Ambient
Essence	Gasolina
Électrique	Elèctric
Électron	Electró
Hydrogène	Hidrogen
Industrie	Indústria
Moteur	Motor
Nucléaire	Nuclear
Photon	Fotó
Pollution	Contaminació
Renouvelable	Renovables
Soleil	Sol
Turbine	Turbina
Vent	Vent

Épices
Espècies

Aigre	Agre
Ail	All
Amer	Amarg
Anis	Anís
Cannelle	Canyella
Cardamome	Cardamom
Coriandre	Coriandre
Cumin	Comí
Curry	Curri
Fenouil	Fonoll
Gingembre	Gingebre
Muscade	Nou Moscada
Oignon	Ceba
Paprika	Pebre Vermell
Poivre	Pebre
Réglisse	Regalèssia
Safran	Safrà
Saveur	Sabor
Sel	Sal
Vanille	Vainilla

Éthique
Ètica

Altruisme	Altruisme
Bienveillant	Benèvol
Compassion	Compassió
Coopération	Cooperació
Dignité	Dignitat
Diplomatique	Diplomàtic
Gentillesse	Bondat
Honnêteté	Honradesa
Humanité	Humanitat
Intégrité	Integritat
Optimisme	Optimisme
Patience	Paciència
Philosophie	Filosofia
Raisonnable	Raonable
Rationalité	Racionalitat
Respectueux	Respectuós
Réalisme	Realisme
Sagesse	Saviesa
Tolérance	Tolerància
Valeurs	Valors

Famille
La Família

Ancêtre	Avantpassat
Cousin	Cosí
Enfance	Infantesa
Enfant	Nen
Enfants	Nens
Femme	Dona
Fille	Filla
Frère	Germà
Grand-Mère	Àvia
Grand-Père	Avi
Mari	Marit
Maternel	Maternal
Mère	Mare
Neveu	Nebot
Nièce	Neboda
Oncle	Oncle
Paternel	Paterna
Père	Pare
Soeur	Germana
Tante	Tia

Ferme #1
Granja #1

Abeille	Abella
Agriculture	Agricultura
Âne	Ruc
Bison	Bisó
Champ	Camp
Chat	Gat
Cheval	Cavall
Chèvre	Cabra
Chien	Gos
Clôture	Tanca
Corbeau	Corb
Eau	Aigua
Engrais	Adob
Foin	Fenc
Miel	Mel
Poulet	Pollastre
Riz	Arròs
Troupeau	Ramat
Vache	Vaca
Veau	Vedell

Ferme #2
Granja #2

Agneau	Xai
Agriculteur	Pagès
Animaux	Animals
Berger	Pastor
Blé	Blat
Canard	Ànec
Fruit	Fruita
Grange	Graner
Irrigation	Reg
Lait	Llet
Lama	Flama
Légume	Verdura
Maïs	Blat de Moro
Mouton	Ovella
Nourriture	Menjar
Orge	Ordi
Pré	Prat
Ruche	Rusc
Tracteur	Tractor
Verger	Hort

Force et Gravité
La Força i la Gravetat

Axe	Eix
Centre	Centre
Découverte	Descobriment
Distance	Distància
Dynamique	Dinàmic
Expansion	Expansió
Friction	Fricció
Impact	Impacte
Magnétisme	Magnetisme
Mécanique	Mecànica
Mouvement	Moviment
Orbite	Òrbita
Physique	Física
Planètes	Planetes
Poids	Pes
Pression	Pressió
Propriétés	Propietats
Temps	Temps
Universel	Universal
Vitesse	Velocitat

Forêt Tropicale
Selva Tropical

Amphibiens	Amfibis
Botanique	Botànic
Climat	Clima
Communauté	Comunitat
Diversité	Diversitat
Espèce	Espècie
Indigène	Indígena
Insectes	Insectes
Jungle	Jungla
Mammifères	Mamífers
Mousse	Molsa
Nature	Naturalesa
Nuage	Núvols
Oiseaux	Ocells
Précieux	Valuós
Préservation	Conservació
Refuge	Refugi
Respect	Respecte
Restauration	Restauració
Survie	Supervivència

Formes
Formes

Arc	Arc
Bords	Vores
Carré	Quadrat
Cercle	Cercle
Coin	Cantonada
Courbe	Corba
Cône	Con
Côté	Costat
Cube	Cub
Cylindre	Cilindre
Ellipse	El·lipse
Hyperbole	Hipèrbola
Ligne	Línia
Ovale	Oval
Polygone	Polígon
Prisme	Prisma
Pyramide	Piràmide
Rectangle	Rectangle
Sphère	Esfera
Triangle	Triangle

Fruit
Fruita

Abricot	Albercoc
Ananas	Pinya
Avocat	Alvocat
Baie	Baia
Banane	Plàtan
Cerise	Cirera
Citron	Llimona
Figue	Figa
Framboise	Gerd
Goyave	Guaiaba
Kiwi	Kiwi
Mangue	Mango
Melon	Meló
Nectarine	Nectarina
Orange	Taronja
Papaye	Papaia
Pêche	Préssec
Poire	Pera
Pomme	Poma
Raisin	Raïm

Géographie
Geografia

Altitude	Altitud
Atlas	Atles
Carte	Mapa
Continent	Continent
Fleuve	Riu
Hémisphère	Hemisferi
Île	Illa
Latitude	Latitud
Mer	Mar
Méridien	Meridià
Monde	Món
Montagne	Muntanya
Nord	Nord
Océan	Oceà
Ouest	Oest
Pays	País
Région	Regió
Sud	Sud
Territoire	Territori
Ville	Ciutat

Géologie
Geologia

Acide	Àcid
Calcium	Calci
Caverne	Caverna
Continent	Continent
Corail	Coral
Couche	Capa
Cristaux	Cristalls
Érosion	Erosió
Fondu	Fos
Fossile	Fòssil
Geyser	Guèiser
Lave	Lava
Minéraux	Minerals
Pierre	Pedra
Plateau	Altiplà
Quartz	Quars
Sel	Sal
Stalactite	Estalactita
Volcan	Volcà
Zone	Zona

Géométrie
Geometria

Angle	Angle
Calcul	Càlcul
Cercle	Cercle
Courbe	Corba
Diamètre	Diàmetre
Dimension	Dimensió
Équation	Equació
Hauteur	Altura
Logique	Lògica
Masse	Massa
Médian	Mediana
Nombre	Número
Parallèle	Paral·lel
Proportion	Proporció
Segment	Segment
Surface	Superfície
Symétrie	Simetria
Théorie	Teoria
Triangle	Triangle
Vertical	Vertical

Gouvernement
Govern

Citoyenneté	Ciutadania
Civil	Civil
Constitution	Constitució
Démocratie	Democràcia
Discours	Discurs
Discussion	Discussió
Droits	Drets
Égalité	Igualtat
État	Estat
Indépendance	Independència
Judiciaire	Judicial
Justice	Justícia
Liberté	Llibertat
Loi	Llei
Monument	Monument
Nation	Nació
National	Nacional
Paisible	Pacífic
Politique	Política
Symbole	Símbol

Herboristerie
Herboristeria

Ail	All
Aromatique	Aromàtic
Basilic	Alfàbrega
Bénéfique	Beneficiós
Culinaire	Culinària
Estragon	Estragó
Fenouil	Fonoll
Fleur	Flor
Ingrédient	Ingredient
Jardin	Jardí
Lavande	Lavanda
Marjolaine	Marduix
Menthe	Menta
Persil	Julivert
Qualité	Qualitat
Romarin	Romaní
Safran	Safrà
Saveur	Sabor
Thym	Farigola
Vert	Verd

Ingénierie
Enginyeria

Angle	Angle
Axe	Eix
Calcul	Càlcul
Construction	Construcció
Diagramme	Diagrama
Diamètre	Diàmetre
Diesel	Dièsel
Distribution	Distribució
Engrenages	Engranatges
Énergie	Energia
Force	Força
Liquide	Líquid
Machine	Màquina
Mesure	Mesurament
Moteur	Motor
Profondeur	Profunditat
Propulsion	Propulsió
Rotation	Rotació
Stabilité	Estabilitat
Structure	Estructura

Instruments de Musique
Instruments Musicals

Banjo	Banjo
Basson	Fagot
Clarinette	Clarinet
Flûte	Flauta
Gong	Gong
Guitare	Guitarra
Harmonica	Harmònica
Harpe	Arpa
Hautbois	Oboè
Mandoline	Mandolina
Marimba	Marimba
Percussion	Percussió
Piano	Piano
Saxophone	Saxofon
Tambour	Tambor
Tambourin	Pandereta
Trombone	Trombó
Trompette	Trompeta
Violon	Violí
Violoncelle	Violoncel

Jardin
Jardí

Arbre	Arbre
Banc	Banc
Buisson	Arbust
Clôture	Tanca
Étang	Estany
Fleur	Flor
Garage	Garatge
Hamac	Hamaca
Herbe	Herba
Jardin	Jardí
Mauvaises Herbes	Males Herbes
Pelle	Pala
Pelouse	Gespa
Râteau	Rasclet
Sol	Sòl
Terrasse	Terrassa
Trampoline	Trampolí
Tuyau	Mànega
Verger	Hort
Vigne	Vinya

Jardinage
Jardineria

Botanique	Botànic
Bouquet	Ram
Climat	Clima
Comestible	Comestible
Compost	Compost
Eau	Aigua
Espèce	Espècie
Exotique	Exòtic
Feuillage	Fullatge
Feuille	Fulla
Fleur	Flor
Floral	Floral
Graines	Llavors
Humidité	Humitat
Récipient	Contenidor
Saisonnier	Estacional
Saleté	Brutícia
Sol	Sòl
Tuyau	Mànega
Verger	Hort

Jazz
Jazz

Album	Àlbum
Artiste	Artista
Célèbre	Famós
Chanson	Cançó
Compositeur	Compositor
Composition	Composició
Concert	Concert
Favoris	Favorits
Genre	Gènere
Improvisation	Improvisació
Musique	Música
Nouveau	Nou
Orchestre	Orquestra
Rythme	Ritme
Solo	Solo
Style	Estil
Talent	Talent
Tambours	Tambors
Technique	Tècnica
Vieux	Vell

Jours et Mois
Dies i Mesos

Août	Agost
Avril	Abril
Calendrier	Calendari
Dimanche	Diumenge
Février	Febrer
Janvier	Gener
Jeudi	Dijous
Juillet	Juliol
Juin	Juny
Lundi	Dilluns
Mardi	Dimarts
Mars	Març
Mercredi	Dimecres
Mois	Mes
Novembre	Novembre
Octobre	Octubre
Samedi	Dissabte
Semaine	Setmana
Septembre	Setembre
Vendredi	Divendres

L'Entreprise
La Companyia

Affaires	Negoci
Créatif	Creatiu
Décision	Decisió
Emploi	Ocupació
Global	Global
Industrie	Indústria
Innovant	Innovador
Investissement	Inversió
Possibilité	Possibilitat
Présentation	Presentació
Produit	Producte
Professionnel	Professional
Progrès	Progrés
Qualité	Qualitat
Ressources	Recursos
Revenu	Ingressos
Réputation	Reputació
Risques	Riscos
Tendances	Tendències
Unités	Unitats

Les Abeilles
Les Abelles

Ailes	Ales
Bénéfique	Beneficiós
Cire	Cera
Diversité	Diversitat
Essaim	Eixam
Écosystème	Ecosistema
Fleur	Flor
Fleurs	Flors
Fruit	Fruita
Fumée	Fum
Habitat	Hàbitat
Insecte	Insecte
Jardin	Jardí
Miel	Mel
Nourriture	Menjar
Plantes	Plantes
Pollen	Pol·len
Reine	Reina
Ruche	Rusc
Soleil	Sol

Les Médias
Els Mitjans de Comunicac

Attitudes	Actituds
Commercial	Comercial
Communication	Comunicació
En Ligne	En Línia
Édition	Edició
Éducation	Educació
Faits	Fets
Images	Imatges
Individuel	Individual
Industrie	Indústria
Intellectuel	Intel·lectual
Journaux	Diaris
Local	Local
Numérique	Digital
Opinion	Opinió
Photos	Fotografies
Public	Públic
Radio	Ràdio
Réseau	Xarxa
Télévision	Televisió

Légumes
Verdures

Ail	All
Artichaut	Carxofa
Aubergine	Albergínia
Brocoli	Bròquil
Carotte	Pastanaga
Céleri	Api
Champignon	Bolet
Citrouille	Carbassa
Concombre	Cogombre
Échalote	Escalunya
Épinard	Espinacs
Gingembre	Gingebre
Navet	Nap
Oignon	Ceba
Olive	Oliva
Persil	Julivert
Pois	Pèsol
Radis	Rave
Salade	Amanida
Tomate	Tomàquet

Littérature
Literatura

Analogie	Analogia
Analyse	Anàlisi
Anecdote	Anècdota
Auteur	Autor
Biographie	Biografia
Comparaison	Comparació
Conclusion	Conclusió
Description	Descripció
Dialogue	Diàleg
Fiction	Ficció
Métaphore	Metàfora
Narrateur	Narrador
Poème	Poema
Poétique	Poètic
Rime	Rima
Roman	Novel·la
Rythme	Ritme
Style	Estil
Thème	Tema
Tragédie	Tragèdia

Livres
Llibres

Auteur	Autor
Aventure	Aventura
Collection	Col·lecció
Contexte	Context
Dualité	Dualitat
Épique	Èpica
Histoire	Història
Historique	Històric
Humoristique	Humorístic
Inventif	Inventiva
Lecteur	Lector
Littéraire	Literari
Narrateur	Narrador
Page	Pàgina
Pertinent	Rellevant
Poème	Poema
Poésie	Poesia
Roman	Novel·la
Série	Sèrie
Tragique	Tràgic

Maison
Casa

Balai	Escombra
Bibliothèque	Biblioteca
Chambre	Habitació
Cheminée	Llar de Foc
Clés	Claus
Clôture	Tanca
Cuisine	Cuina
Douche	Dutxa
Fenêtre	Finestra
Garage	Garatge
Grenier	Àtic
Jardin	Jardí
Lampe	Llum
Miroir	Mirall
Mur	Paret
Plafond	Sostre
Porte	Porta
Rideaux	Cortines
Sous-Sol	Soterrani
Tapis	Catifa

Maladie
Malaltia

Abdominal	Abdominal
Allergies	Al·lèrgies
Bien-Être	Benestar
Chronique	Crònica
Contagieux	Contagiós
Corps	Cos
Cœur	Cor
Faible	Dèbil
Génétique	Genètica
Héréditaire	Hereditari
Immunité	Immunitat
Inflammation	Inflamació
Lombaire	Lumbar
Neuropathie	Neuropatia
Os	Ossos
Pulmonaire	Pulmonar
Respiratoire	Respiratori
Santé	Salut
Syndrome	Síndrome
Thérapie	Teràpia

Mammifères
Els Mamífers

Baleine	Balena
Chat	Gat
Cheval	Cavall
Chien	Gos
Coyote	Coiot
Dauphin	Dofí
Éléphant	Elefant
Girafe	Girafa
Gorille	Goril·la
Kangourou	Cangur
Lapin	Conill
Lion	Lleó
Loup	Llop
Mouton	Ovella
Ours	Ós
Renard	Guineu
Singe	Mico
Taureau	Bou
Tigre	Tigre
Zèbre	Zebra

Mathématiques
Matemàtiques

Angles	Angles
Arithmétique	Aritmètica
Carré	Quadrat
Décimal	Decimal
Diamètre	Diàmetre
Exposant	Exponent
Équation	Equació
Fraction	Fracció
Géométrie	Geometria
Parallèle	Paral·lel
Perpendiculaire	Perpendicular
Périmètre	Perímetre
Polygone	Polígon
Rayon	Radi
Rectangle	Rectangle
Somme	Suma
Sphère	Esfera
Symétrie	Simetria
Triangle	Triangle
Volume	Volum

Mesures
Mesuraments

Centimètre	Centímetre
Degré	Grau
Décimal	Decimal
Gramme	Gram
Hauteur	Altura
Kilogramme	Quilogram
Kilomètre	Quilòmetre
Largeur	Amplada
Litre	Litre
Longueur	Llargada
Masse	Massa
Mètre	Metre
Minute	Minut
Octet	Byte
Once	Unça
Poids	Pes
Pouce	Polzada
Profondeur	Profunditat
Tonne	Tona
Volume	Volum

Méditation
La Meditació

Acceptation	Acceptació
Attention	Atenció
Calme	Calma
Clarté	Claredat
Compassion	Compassió
Émotions	Emocions
Éveillé	Despert
Gentillesse	Bondat
Gratitude	Agraïment
Habitudes	Hàbits
Mental	Mental
Mouvement	Moviment
Musique	Música
Nature	Naturalesa
Observation	Observació
Paix	Pau
Perspective	Perspectiva
Posture	Postura
Respiration	Respiració
Silence	Silenci

Mode
La Moda

Abordable	Assequible
Boutique	Boutique
Boutons	Botons
Broderie	Brodat
Cher	Car
Dentelle	Encaix
Élégant	Elegant
Minimaliste	Minimalista
Moderne	Modern
Modeste	Modest
Modèle	Patró
Original	Original
Pratique	Pràctic
Simple	Senzill
Sophistiqué	Sofisticat
Style	Estil
Tendance	Tendència
Texture	Textura
Tissu	Teixit
Vêtements	Roba

Musique
Música

Album	Àlbum
Ballade	Balada
Chanter	Cantar
Chanteur	Cantant
Classique	Clàssic
Harmonie	Harmonia
Harmonique	Harmònic
Improviser	Improvisar
Instrument	Instrument
Lyrique	Líric
Mélodie	Melodia
Microphone	Micròfon
Musical	Musical
Musicien	Músic
Opéra	Òpera
Poétique	Poètic
Rythme	Ritme
Rythmique	Rítmic
Tempo	Tempo
Vocal	Vocal

Mythologie
Mitologia

Archétype	Arquetip
Catastrophe	Desastre
Comportement	Comportament
Création	Creació
Créature	Criatura
Croyances	Creences
Culture	Cultura
Éclair	Llamps
Force	Força
Guerrier	Guerrer
Héros	Heroi
Immortalité	Immortalitat
Jalousie	Gelosia
Labyrinthe	Laberint
Légende	Llegenda
Magique	Màgic
Monstre	Monstre
Mortel	Mortal
Tonnerre	Tro
Vengeance	Venjança

Nature
Naturalesa

Abeilles	Abelles
Abri	Refugi
Animaux	Animals
Arctique	Àrtic
Beauté	Bellesa
Brouillard	Boira
Désert	Desert
Dynamique	Dinàmic
Érosion	Erosió
Feuillage	Fullatge
Fleuve	Riu
Forêt	Bosc
Glacier	Glacera
Nuage	Núvols
Paisible	Pacífic
Sanctuaire	Santuari
Sauvage	Salvatge
Serein	Serè
Tropical	Tropical
Vital	Vital

Nombres
Números

Cinq	Cinc
Deux	Dos
Décimal	Decimal
Dix	Deu
Dix-Huit	Divuit
Dix-Neuf	Dinou
Dix-Sept	Disset
Douze	Dotze
Huit	Vuit
Neuf	Nou
Quatorze	Catorze
Quatre	Quatre
Quinze	Quinze
Seize	Setze
Sept	Set
Six	Sis
Treize	Tretze
Trois	Tres
Vingt	Vint
Zéro	Zero

Nourriture #1
Menjar #1

Ail	All
Basilic	Alfàbrega
Café	Cafè
Cannelle	Canyella
Carotte	Pastanaga
Citron	Llimona
Épinard	Espinacs
Fraise	Maduixa
Jus	Suc
Lait	Llet
Navet	Nap
Oignon	Ceba
Orge	Ordi
Poire	Pera
Salade	Amanida
Sel	Sal
Soupe	Sopa
Sucre	Sucre
Thon	Tonyina
Viande	Carn

Nourriture #2
Menjar #2

Amande	Ametlla
Aubergine	Albergínia
Banane	Plàtan
Blé	Blat
Brocoli	Bròquil
Cerise	Cirera
Céleri	Api
Champignon	Bolet
Chocolat	Xocolata
Jambon	Pernil
Kiwi	Kiwi
Mangue	Mango
Oeuf	Ou
Pain	Pa
Poisson	Peix
Pomme	Poma
Poulet	Pollastre
Raisin	Raïm
Riz	Arròs
Tomate	Tomàquet

Nutrition
La Nutrició

Amer	Amarg
Appétit	Apetit
Calories	Calories
Comestible	Comestible
Diète	Dieta
Digestion	Digestió
Épices	Espècies
Équilibré	Equilibrat
Fermentation	Fermentació
Ingrédients	Ingredients
Liquides	Líquids
Poids	Pes
Protéines	Proteïnes
Qualité	Qualitat
Sain	Saludable
Santé	Salut
Sauce	Salsa
Saveur	Sabor
Toxine	Toxina
Vitamine	Vitamina

Océan
Oceà

Anguille	Anguila
Baleine	Balena
Bateau	Barca
Corail	Coral
Crabe	Cranc
Crevette	Gamba
Dauphin	Dofí
Éponge	Esponja
Huître	Ostra
Marées	Marees
Méduse	Meduses
Poisson	Peix
Poulpe	Pop
Requin	Tauró
Récif	Escull
Sel	Sal
Tempête	Tempesta
Thon	Tonyina
Tortue	Tortuga
Vagues	Ones

Oiseaux
Ocells

Aigle	Àguila
Autruche	Estruç
Canard	Ànec
Cigogne	Cigonya
Corbeau	Corb
Coucou	Cucut
Cygne	Cigne
Flamant	Flamenc
Héron	Agró
Manchot	Pingüí
Moineau	Pardal
Mouette	Gavina
Oeuf	Ou
Oie	Oca
Paon	Paó
Perroquet	Lloro
Pélican	Pelicà
Pigeon	Colom
Poulet	Pollastre
Toucan	Tucà

Pays #1
Països #1

Afghanistan	Afganistan
Allemagne	Alemanya
Argentine	Argentina
Brésil	Brasil
Canada	Canadà
Espagne	Espanya
Équateur	Equador
Finlande	Finlàndia
Inde	Índia
Israël	Israel
Libye	Líbia
Mali	Mali
Maroc	Marroc
Nicaragua	Nicaragua
Norvège	Noruega
Panama	Panamà
Philippines	Filipines
Pologne	Polònia
Roumanie	Romania
Venezuela	Veneçuela

Pays #2
Països #2

Albanie	Albània
Chine	Xina
Danemark	Dinamarca
France	França
Haïti	Haití
Indonésie	Indonèsia
Irlande	Irlanda
Jamaïque	Jamaica
Japon	Japó
Kenya	Kenya
Laos	Laos
Liban	Líban
Mexique	Mèxic
Ouganda	Uganda
Pakistan	Pakistan
Russie	Rússia
Somalie	Somàlia
Soudan	Sudan
Syrie	Síria
Ukraine	Ucraïna

Paysages
Paisatges

Cascade	Cascada
Colline	Turó
Désert	Desert
Estuaire	Estuari
Fleuve	Riu
Geyser	Guèiser
Glacier	Glacera
Grotte	Cova
Iceberg	Iceberg
Île	Illa
Lac	Llac
Marais	Pantà
Mer	Mar
Montagne	Muntanya
Oasis	Oasi
Péninsule	Península
Plage	Platja
Toundra	Tundra
Vallée	Vall
Volcan	Volcà

Philanthropie
La Filantropia

Besoin	Necessitat
Buts	Metes
Charité	Caritat
Communauté	Comunitat
Contacts	Contactes
Défis	Reptes
Enfants	Nens
Finance	Finances
Fonds	Fons
Gens	Gent
Générosité	Generositat
Global	Global
Groupes	Grups
Histoire	Història
Honnêteté	Honradesa
Humanité	Humanitat
Jeunesse	Joventut
Mission	Missió
Programmes	Programes
Public	Públic

Physique
Física

Accélération	Acceleració
Atome	Àtom
Chaos	Caos
Chimique	Químic
Densité	Densitat
Électron	Electró
Formule	Fórmula
Fréquence	Freqüència
Gaz	Gas
Gravité	Gravetat
Magnétisme	Magnetisme
Masse	Massa
Mécanique	Mecànica
Molécule	Molècula
Moteur	Motor
Nucléaire	Nuclear
Particule	Partícula
Relativité	Relativitat
Universel	Universal
Vitesse	Velocitat

Plantes
Les Plantes

Arbre	Arbre
Baie	Baia
Bambou	Bambú
Botanique	Botànica
Buisson	Arbust
Cactus	Cactus
Engrais	Adob
Feuillage	Fullatge
Fleur	Flor
Flore	Flora
Forêt	Bosc
Grandir	Créixer
Haricot	Mongeta
Herbe	Herba
Jardin	Jardí
Lierre	Heura
Mousse	Molsa
Pétale	Pètal
Racine	Arrel
Végétation	Vegetació

Professions #1
Professions #1

Ambassadeur	Ambaixador
Astronome	Astrònom
Avocat	Advocat
Banquier	Banquer
Bijoutier	Joier
Cartographe	Cartògraf
Chasseur	Caçador
Danseur	Ballarina
Entraîneur	Entrenador
Éditeur	Editor
Géologue	Geòleg
Infirmière	Infermera
Médecin	Metge
Musicien	Músic
Pianiste	Pianista
Plombier	Lampista
Pompier	Bomber
Psychologue	Psicòleg
Scientifique	Científic
Vétérinaire	Veterinari

Professions #2
Professions #2

Astronaute	Astronauta
Bibliothécaire	Bibliotecari
Biologiste	Biòleg
Chercheur	Investigador
Chirurgien	Cirurgià
Dentiste	Dentista
Détective	Detectiu
Enseignant	Professor
Illustrateur	Il·lustrador
Ingénieur	Enginyer
Inventeur	Inventor
Jardinier	Jardiner
Journaliste	Periodista
Linguiste	Lingüista
Médecin	Metge
Peintre	Pintor
Philosophe	Filòsof
Photographe	Fotògraf
Pilote	Pilot
Zoologiste	Zoòleg

Psychologie
Psicologia

Clinique	Clínic
Comportement	Comportament
Conflit	Conflicte
Ego	Ego
Enfance	Infantesa
Expériences	Experiències
Émotions	Emocions
Évaluation	Avaluació
Idées	Idees
Inconscient	Inconscient
Pensées	Pensaments
Perception	Percepció
Personnalité	Personalitat
Problème	Problema
Rendez-Vous	Cita
Réalité	Realitat
Rêves	Somnis
Sensation	Sensació
Subconscient	Subconscient
Thérapie	Teràpia

Randonnée
Senderisme

Animaux	Animals
Bottes	Botes
Camping	Càmping
Carte	Mapa
Climat	Clima
Eau	Aigua
Falaise	Penya-Segat
Fatigué	Cansat
Guides	Guies
Lourd	Pesat
Météo	Temps
Montagne	Muntanya
Nature	Naturalesa
Orientation	Orientació
Parcs	Parcs
Pierres	Pedres
Préparation	Preparació
Sauvage	Salvatge
Soleil	Sol
Sommet	Cimera

Restaurant #2
Restaurant #2

Boisson	Beguda
Chaise	Cadira
Cuillère	Cullera
Déjeuner	Dinar
Délicieux	Deliciós
Dîner	Sopar
Eau	Aigua
Épices	Espècies
Fourchette	Forquilla
Fruit	Fruita
Gâteau	Pastís
Glace	Gel
Légumes	Verdures
Nouilles	Fideus
Oeuf	Ous
Poisson	Peix
Salade	Amanida
Sel	Sal
Serveur	Cambrer
Soupe	Sopa

Réchauffement Climatique
L'Escalfament Global

Arctique	Àrtic
Attention	Atenció
Changements	Canvis
Climat	Clima
Crise	Crisi
Données	Dades
Environnemental	Ambiental
Énergie	Energia
Futur	Futur
Gaz	Gas
Générations	Generacions
Gouvernement	Govern
Habitats	Hàbitats
Industrie	Indústria
International	Internacional
Législation	Legislació
Maintenant	Ara
Populations	Poblacions
Scientifique	Científic
Températures	Temperatures

Santé et Bien-Être #1
La Salut i el Benestar #1

Actif	Actiu
Bactéries	Bacteris
Blessure	Lesió
Clinique	Clínica
Faim	Fam
Fracture	Fractura
Habitude	Hàbit
Hauteur	Altura
Hormone	Hormones
Médecin	Metge
Médicament	Medicina
Muscles	Músculs
Os	Ossos
Peau	Pell
Pharmacie	Farmàcia
Posture	Postura
Réflexe	Reflex
Thérapie	Teràpia
Traitement	Tractament
Virus	Virus

Santé et Bien-Être #2
La Salut i el Benestar #2

Allergie	Al·lèrgia
Anatomie	Anatomia
Appétit	Apetit
Calorie	Calories
Corps	Cos
Déshydratation	Deshidratació
Énergie	Energia
Génétique	Genètica
Hôpital	Hospital
Hygiène	Higiene
Infection	Infecció
Maladie	Malaltia
Massage	Massatge
Nutrition	Nutrició
Poids	Pes
Récupération	Recuperació
Sain	Saludable
Sang	Sang
Stress	Estres
Vitamine	Vitamina

Science
Ciència

Atome	Àtom
Chimique	Químic
Climat	Clima
Données	Dades
Expérience	Experiment
Évolution	Evolució
Fait	Fet
Fossile	Fòssil
Gravité	Gravetat
Hypothèse	Hipòtesi
Laboratoire	Laboratori
Méthode	Mètode
Minéraux	Minerals
Molécules	Molècules
Nature	Naturalesa
Observation	Observació
Organisme	Organisme
Particules	Partícules
Physique	Física
Scientifique	Científic

Science-Fiction
Ciència Ficció

Atomique	Atòmic
Cinéma	Cinema
Explosion	Explosió
Extrême	Extrem
Fantastique	Fantàstic
Feu	Foc
Futuriste	Futurista
Galaxie	Galàxia
Illusion	Il·lusió
Imaginaire	Imaginari
Livres	Llibres
Monde	Món
Mystérieux	Misteriós
Oracle	Oracle
Planète	Planeta
Réaliste	Realista
Robots	Robots
Scénario	Escenari
Technologie	Tecnologia
Utopie	Utopia

Sport
Esport

Athlète	Atleta
Capacité	Capacitat
Corps	Cos
Cyclisme	Ciclisme
Danse	Ball
Diète	Dieta
Endurance	Resistència
Entraîneur	Entrenador
Force	Força
Jogging	Córrer
Maximiser	Maximitzar
Métabolique	Metabòlic
Muscles	Músculs
Nager	Nedar
Nutrition	Nutrició
Objectif	Objectiu
Os	Ossos
Programme	Programa
Santé	Salut
Sports	Esports

Temps
Temps

Année	Any
Annuel	Anual
Après	Després
Avant	Abans
Bientôt	Aviat
Calendrier	Calendari
Décennie	Dècada
Futur	Futur
Heure	Hora
Hier	Ahir
Horloge	Rellotge
Jour	Dia
Maintenant	Ara
Matin	Matí
Midi	Migdia
Minute	Minut
Mois	Mes
Nuit	Nit
Semaine	Setmana
Siècle	Segle

Types de Cheveux
Tipus de Cabell

Argent	Plata
Blanc	Blanc
Blond	Ros
Boucles	Rínxols
Brillant	Brillant
Chauve	Calb
Coloré	Color
Court	Curt
Doux	Suau
Épais	Gruix
Frisé	Arrissat
Gris	Gris
Long	Llarg
Marron	Marró
Mince	Prim
Noir	Negre
Ondulé	Ondulat
Sain	Saludable
Sec	Sec
Tressé	Trenat

Univers
Univers

Astéroïde	Asteroide
Astronome	Astrònom
Astronomie	Astronomia
Atmosphère	Ambient
Ciel	Cel
Cosmique	Còsmic
Équateur	Equador
Galaxie	Galàxia
Hémisphère	Hemisferi
Horizon	Horitzó
Latitude	Latitud
Longitude	Longitud
Lune	Lluna
Obscurité	Foscor
Orbite	Òrbita
Solaire	Solar
Solstice	Solstici
Télescope	Telescopi
Visible	Visible
Zodiaque	Zodíac

Vacances #2
Vacances #2

Aéroport	Aeroport
Camping	Càmping
Carte	Mapa
Destination	Destinació
Étranger	Estranger
Hôtel	Hotel
Île	Illa
Loisir	Oci
Mer	Mar
Passeport	Passaport
Plage	Platja
Restaurant	Restaurant
Réservations	Reserves
Taxi	Taxi
Tente	Tenda
Train	Tren
Transport	Transport
Vacances	Vacances
Visa	Visat
Voyage	Viatge

Véhicules
Vehicles

Ambulance	Ambulància
Avion	Avió
Bateau	Barca
Bus	Autobús
Camion	Camió
Caravane	Caravana
Ferry	Ferri
Fusée	Coet
Hélicoptère	Helicòpter
Métro	Metro
Moteur	Motor
Navette	Trasllat
Pneus	Pneumàtics
Radeau	Bassa
Scooter	Scooter
Sous-Marin	Submarí
Taxi	Taxi
Tracteur	Tractor
Vélo	Bicicleta
Voiture	Cotxe

Vêtements
Roba

Bracelet	Polsera
Ceinture	Cinturó
Chapeau	Barret
Chaussure	Sabata
Chemise	Camisa
Chemisier	Brusa
Collier	Collaret
Foulard	Bufanda
Gants	Guants
Jeans	Texans
Jupe	Faldilla
Manteau	Abric
Mode	Moda
Pantalon	Pantalons
Pull	Suèter
Pyjama	Pijama
Robe	Vestit
Sandales	Sandàlies
Tablier	Davantal
Veste	Jaqueta

Ville
Ciutat

Aéroport	Aeroport
Banque	Banc
Bibliothèque	Biblioteca
Boulangerie	Fleca
Cinéma	Cinema
Clinique	Clínica
École	Escola
Fleuriste	Florista
Galerie	Galeria
Hôtel	Hotel
Librairie	Llibreria
Marché	Mercat
Musée	Museu
Pharmacie	Farmàcia
Restaurant	Restaurant
Stade	Estadi
Supermarché	Supermercat
Théâtre	Teatre
Université	Universitat
Zoo	Zoològic

Félicitations

Vous avez réussi !

Nous espérons que vous avez apprécié ce livre autant que nous avons pris plaisir à le concevoir. Nous faisons de notre mieux pour créer des livres de la meilleure qualité possible.
Cette édition est conçue pour permettre un apprentissage intelligent et de qualité en se divertissant !

Vous avez aimé ce livre ?

Une Simple Demande

Nos livres existent grâce aux avis que vous publiez. Pourriez-vous nous aider en laissant un avis maintenant ?

Voici un lien rapide qui vous mènera à votre page d'évaluation de vos commandes :

BestBooksActivity.com/Avis50

CHALLENGE FINAL !

Défi n°1

Êtes-vous prêt pour votre jeu bonus ? Nous les utilisons tout le temps mais ils ne sont pas si faciles à trouver. Voici les Synonymes !

Notez 5 mots que vous avez trouvés dans les puzzles notés ci-dessous (n°21, n°36, n°76) et essayez de trouver 2 synonymes pour chaque mot.

Notez 5 Mots du ***Puzzle 21***

Mots	Synonyme 1	Synonyme 2

Notez 5 Mots du ***Puzzle 36***

Mots	Synonyme 1	Synonyme 2

Notez 5 Mots du ***Puzzle 76***

Mots	Synonyme 1	Synonyme 2

Défi n°2

Maintenant que vous vous êtes échauffé, notez 5 mots que vous avez découverts dans les Puzzles n° 9, n° 17, n° 25 et essayez de trouver 2 antonymes pour chaque mot. Combien pouvez-vous en trouver en 20 minutes ?

*Notez 5 Mots du **Puzzle 9***

Mots	Antonyme 1	Antonyme 2

*Notez 5 Mots du **Puzzle 17***

Mots	Antonyme 1	Antonyme 2

*Notez 5 Mots du **Puzzle 25***

Mots	Antonyme 1	Antonyme 2

Défi n°3

Formidable ! Ce défi final  n'est rien pour vous.

Prêt pour le dernier défi ? Choisissez 10 mots que vous avez découverts parmi les différents puzzles et notez-les ci-dessous.

1.	6.
2.	7.
3.	8.
4.	9.
5.	10.

Maintenant, composez un texte en pensant à une personne, un animal ou un lieu que vous aimez !

Astuce: Vous pouvez utiliser la dernière page de ce livre comme brouillon !

Votre Composition :

CARNET DE NOTES :

À TRÈS BIENTÔT !

Toute l'équipe

www.ingramcontent.com/pod-product-compliance
Lightning Source LLC
Chambersburg PA
CBHW082203120626
46553CB00010B/2993
9798896705154